U0133834

清晏史学
第一辑

陈俊达
主编

清晏史学

倭 仁 日 记

（清）乌齐格里·倭仁 ◎ 著

杨 军 包以票 ◎ 整理

上海三联书店

总　序

　　"清晏史学"是我在 2022 年秋季学期担任吉林大学文学院 2022 级历史学班班主任后，为本班学生打造的集师生交流、学术讨论、论文写作于一体的学术、科研平台。并于 2022 年 11 月 20 日邀请我的导师杨军先生为 2021、2022 级历史专业本科生、研究生进行"周易导读"讲座。2022 年仅进行试运行，进入 2023 年，"清晏史学"除继续邀请各校学者带来精彩讲座外，在杨军师的支持与帮助下，现推出"清晏史学"系列丛书（第一辑）。丛书第一辑以古籍点校整理为主题，共收录著作五种。首先呈现在读者面前的便是杨军师点校的《倭仁日记》。其次便是我点校的陈汉章先生的著作《辽史索隐》，将于近日交付出版社。希望"清晏史学"丛书的出版以及系列讲座的举行，能够为正值青春热血、朝气蓬勃的学生们提供一个学习、交流的平台，督促他们在人生最美好的大学时光

中，努力学习，锤炼能力，不负韶华，为人生积攒宝贵的
财富。

陈俊达

2023 年 6 月 1 日

于吉林大学东荣大厦

目　录

凡　例

1. 以《倭文端公遗书》所收《日记》为底本，即华文书局股份有限公司据清光绪元年求我斋刊本影印本为底本。以《历代日记丛钞》第 45 册所收《倭艮峰日记摘抄》（以下简称"摘抄本"）、第 48 册所收《倭艮峰先生日记》（以下简称"日记本"）为参校本。

2. 他人批语与日记正文同作大字，但字体不同。不同人的批评皆另行。

3. 虚词，如之、耳、矣、哉之类，各本间不同的不校，底本缺则补，并出校。

4. 各则次序三本之间往往不同，此依底本，改处出注。

关于倭仁和《倭仁日记》

上大学的时候就已经知道倭仁了，但老师提到倭仁的时候，是当作反面人物的，因为倭仁是当时朝中保守派的代表人物，反对洋务运动。对倭仁的最初了解仅此而已。后来读曾国藩的传记才知道，曾国藩服膺理学，以日记形式修身，实受倭仁影响，称倭仁为曾国藩之师也不为过。对倭仁始从正面理解，但其他一无所知。因无知，所以觉得倭仁有点儿神秘。

因为有这一点点印象，后来偶然在网上看见拍卖《倭仁日记》，就记忆深刻，但误以为《倭仁日记》原本流传下来了。后来因整理曾国藩的修身方式，而细读曾氏早年日记，便又想起来这位教曾国藩记日记修身的倭仁，因此想找《倭仁日记》一读。

遍搜网上，找到三种版本。一种即此次整理的版本,见清光绪元年求我斋刊本的《倭文端公遗书》,据文后《书倭文端日记后》可知,《遗书》所收《日记》乃据吴大廷抄本刻印,并非倭仁日记原本;另两种皆抄本,皆见《历代日记丛钞》。相对而言,《倭文端公遗书》所收《日记》文字量最大,最为完善,共四卷;《历代日记丛钞》第45册所收,题名为《倭艮峰日记摘抄》,抄录人不详,前半部分为楷书,后半部分为行书,所以《历代日记丛钞提要》怀疑抄者非一人,从笔体上看确实如此,其内容大体与《遗书》所收《日记》相同,但仅含《遗书》本的三卷内容,无最后一卷《日记之余》,且他人给《日记》所作的批语也缺很多;《历代日记丛钞》第48册所收,题为《倭艮峰先生日记》,亦不知何人所抄,大体上仅包括《遗书》所收《日记》一卷的内容,但此种抄本不仅文字与《遗书》本时有出入,且条目也偶有不同,足资对勘。

曾国藩曾这样描述倭仁的日课,"每日有日课册,一日之中,一念之差,一事之失,一言一默,皆笔之于书。书皆楷字,三月则订一本,自乙未起,今三十本矣"。上述三种抄本文字量皆没有如此之大,且名为日记,其中并无月日,因此生疑。重又找到当年偶然见到的拍卖网页,其中仅有一页原书图片,题有"初十日""十一日"字样,据《遗书》本《日记》序言可知,倭仁重新开始记日记,始于"丙午正月初九",图片中所见内容皆见《遗书》本《日记》开头部分,可以断定,"初十日""十一日"是丙午年(1846)正月初十、十一。由此可知,拍卖所上图片为《倭仁日记》第二页或第三页,其中"丙午正月初十"的日记是完整的。

从这一页图片来看,《倭仁日记》原稿每页10行,每行19—20字,多为19字,上下双栏、双鱼尾,楷书。本页附贴6张字条,其中有两条相重叠,另有眉批一处,计有6处其他人的批语,但批语皆未见批者姓名。

拍卖网站介绍称:

是册为丙午年即道光二十六年(1846)正月至七月间日记一册,首有窦珍、朱次琦、周晃跋。日记内有窦、朱、周等诸多批注签条,足见"道光以来一儒宗"的理学大师之光彩。时倭仁任大理寺卿。此件为郑逸梅先生旧藏。

郑逸梅(1895—1992),出生于江苏苏州,祖籍安徽歙县。民国时期曾任职于诸多杂志担任编辑工作,后长期在中学执教。笔耕不辍,以"报刊补白大王"闻名。1949 年后,在晋元中学任教,任副校长。"文化大革命"中受冲击,1977 年平反,恢复名誉,加入中国农工民主党。著作有近 50 种,有《郑逸梅选集》三卷本。

此册《日记》为郑逸梅旧藏,可知《倭仁日记》原稿早已散佚,不知目前传世还有几册。倭仁去世到现在仅有百余年,其日记竟已如此结局,令人不胜感慨。

仅将丙午正月初十的日记与上述三种抄本相对照如下。

《日记》原稿:

初十日,昨责儿辈起迟,今日群起,予尚高卧,颇觉渐□□□□□省礼。家庭间有当言不言之处,只□□□因读《杨园集》证出。遇难处人,惟反身修德而已,在人身上较是非,愈决裂也。命女读《小学》□□□矣。杨园谓:"事有吉而不可为、凶而决当为□□意吉凶在是非上辨取,是便是吉,非便是凶,世俗所谓吉凶,又当别论。慈怀不舒,养志之道多亏。事亲岂可使人为之,勉强改此,犹有卸肩□□□□□耐不得劳。无故疑人,隐动戾气。□□□□□天。晚间说书,与儿说读书养心□□。贪鄙之行,至儿效尤,白之于众,冀相惩戒。□□□予言多隐觉怫然，方望一家迁善而过不□□□悖谬之甚也。

（缺字处为字条所覆，所缺字数为我推定。）

（第一张字条内容）若是便是吉、非便是凶，世俗所谓吉凶，又当别论。则五福只应言攸好德，而六极只应言恶矣。窃意世俗所谓吉凶，即圣贤所谓吉凶。首阳穷饿，凶也，而夷齐之是，乃在求仁得仁，所谓凶而决当为者也；万钟千驷，吉也，而景公之非，乃在到今无称，所谓吉而不可为也。如此看，似较平实，未知确否。

（第二张字条内容）反身修德，即是三自反，工夫如此省多少……（此处折角）

（第三张字条内容）只问是非，是极。（此字条下有眉批：……当为而为，万钟千驷亦凶也。）

（第四张字条内容）细读初十日所记数条，皆□略者也。能一一省出，且深□自责，真令人钦佩。（此字条下仍有一字条，双行，第一行仅露出"然亦须思"四字，第二行仅露出一"得"字。）

（第五张字条内容）数条省察之密，决不自讳，用力直同古人。敬畏敬畏。

《倭文端公遗书》本《日记》：

张杨园先生曰："事有吉而不可为、凶而决当为者。"愚意吉凶只在是非上辨，是便吉、非便凶，当为而为，首阳穷饿亦吉也；不当为而为，万钟千驷亦凶也。若世俗所谓吉凶，又当别论。（窦兰泉曰：若是便是吉、非便是凶，则五福祗应言攸好德、六极祗应言恶矣。世俗所谓吉凶，即圣贤所谓吉凶。穷饿凶也，夷齐之是，在求仁得仁，所谓凶而当为也；千驷吉也，景公之非，在至今无称，所谓吉而不可为也。如此看较平实。）（吴竹如曰：此就人立心处看，亦直捷，可与评语相辅而行。是便是吉、非便是凶，所谓惠迪吉、从逆凶也。凶而当为，吉而不可为，所谓正谊明道、不谋利计功，论是非、不计利害者也。）

世情冷暖，有一毫介意，便是查滓，亟宜化之。（吴竹如曰：此下数条，皆实做审几工夫，方能省察及此，不肯放过。）

事亲岂可使人为之，勉强改此，犹有卸肩意。

贪鄙之行，致儿效尤，白之于众，冀相征戒。

室人讥予多言，隐觉怫然。方望一家迁善，而恶闻己过，何悖甚也。

关于倭仁和《倭仁日记》

《倭艮峰先生日记》：

张杨园先生云："事有吉而不可为、凶而决当为者。"愚意吉凶是在是非上辨，是便是吉、非便是凶，当为而为，首阳之饿亦吉也；不当为而为，万钟千驷亦凶也。若世俗所谓吉凶，又当别论。（窦兰泉曰：若是便是吉、非便是凶，则五福祇应言攸好德、六极祇应言恶矣。世俗所谓吉凶，即圣贤所谓吉凶。穷饿凶也，夷齐之是，在求仁得仁，所谓凶而当为也；千驷吉也，景公之非，在至今无称，所谓吉而不可为也。如此看较平实。）（吴竹如曰：此就人立心处看，亦直捷，可与评语相辅而行。是便是吉、非便是凶，所谓惠迪吉、从逆凶也。凶而当为，吉而不可为，所谓正谊明道、不谋利计功，论是非、不计利害者也。）

世情冷暖，有一毫介意，便是渣滓，亟宜化之。（吴竹如曰：此下数条，皆实做审几工夫，方能省察及此，不肯放过。）

事亲岂可使人为之，勉强改此，犹有卸肩意。

贪鄙之行，致儿效尤，白之于众，冀相征戒。室人讥予多言，隐觉怫然。方望一家迁善，而恶闻己过，何悖甚也。

《倭艮峰日记摘抄》前面缺页，首页即上述最后一行:"多言,隐觉怫然。方望一家迁善,而恶闻己过,何悖甚也。"

《日记》原稿初十日有"遇难处人,惟反身修德而已,在人身上较是非,愈决裂也"。此前应为初九日的内容中见"委童稚于仆妪之",应即《遗书》本《日记》的"委童稚于仆妪之手,气质不坏者鲜矣"一则。但是,《遗书》本《日记》与《倭艮峰先生日记》中,"遇难处人,惟反身修德而已,在人身上较是非,必至决裂"一则,皆在"委童稚于仆妪之手,气质不坏者鲜矣"一则之前。恐怕是抄者私自颠倒了初九、初十两天日记的次序。抄本中"世情冷暖,有一毫介意,便是渣滓,亟宜化之"一则,前后内容皆见初十的日记,却唯独此条不见。由此推测,抄写者对《倭仁日记》不仅有取舍,还有改编。

将初十日的日记内容相对照就可以发现,目前所见三种抄本,不仅与《倭仁日记》原稿之间,文字有删节,字词有出入,内容次序有重新编排,还有将他人批语内容抄入日记正文的现象。一言以蔽之,现在的三种抄本应该都体现不出《倭仁日记》的原貌了。

倭文端公遗书卷四　日记（丙午以后）

忆自癸卯年，记录功辍，身心荒废。屡思续记，因循不果，甲辰夏，严亲卧病，朝夕侍疾，乙巳六月，痛遭大变，经营宅兆，是年腊始能安厝。新阡数年来[1]过恶种种，笔难罄书。安肆日偷，一言尽之。嗟嗟小子，今年四十有三矣，岁月几何，忍心辜负。[2]往不可谏，来犹可追，矢当努力自新，勉图后效。天地日月，实鉴此忱。书之简端，永无退志焉。道光丙午正月九日。

升沉有命，人乎何尤？况己本无能，人言正道，其实又何怨焉。以庸劣之质，受高厚之恩，所得已非其分，敢不自

---

① "甲辰夏"至"新阡数年来"共35字，据日记本补。
② 忍心辜负：辜，原作"孤"，据日记本改。

揆,妄言希荣耶?① 古人云:"知足不辱,知止不殆。"又云: "辱莫辱于求荣。②"可以审所自处矣。

按:人心之蔽,莫甚于妄念,妄念不除,怨尤斯起。子曰:"不知命,无以为君子也。"先生首从此处提醒,而返观默证,递举守分安命之语,与诸葛武侯淡泊明志正同,最足发人深省。丙寅二月二十七日受业游百川谨识。

诿之于命,犹是宽假之辞;默验身心,动辄得咎,得失之理,抚衷正难自昧耳。

要息思虑是私也,久则养成无用之心。《居业录》云: "九思亦是存养,但要专一。专一自无杂虑。"至哉言乎!③

遇难处人,惟反身修德而已,在人身上较是非,必至决裂。

---

① "以庸劣"至"妄言希荣耶"共25字,据日记本补。
② 辱莫辱于求荣:第二个"辱"字原作"甚",日记本作"辱"。按"辱莫辱于求荣"出明吕坤《呻吟语》,据改。
③ 此条据日记本补。

委童稚于仆妪之手,气质不坏者鲜矣。

惠善窃按:委此身于下流之中,委此心于安肆之地,委官政于仆隶之手,何以异此。

张杨园先生曰:"事有吉而不可为、凶而决当为者。"愚意吉凶只在是非上辨,是便是吉、非便是凶,①当为而为,首阳穷饿亦吉也;不当为而为,万钟千驷亦凶也。若世俗所谓吉凶,②又当别论。

窦兰泉曰:③若是便是吉、非便是凶,则五福祇应言攸好德、六极祇应言恶矣。世俗所谓吉凶,即圣贤所谓吉凶。穷饿凶也,夷齐之是,在求仁得仁,所谓凶而当为也;千驷吉也,景公之非,在到今无称,所谓吉而不可为也。如此看较平实。

吴竹如曰:此就人立心处看,亦直捷,可与评语相辅而行。是便是吉、非便是凶,所谓惠迪吉、从逆凶也。凶而当为,吉而不可为,所谓正谊明道、不谋利计功,论是非、不计利害者也。

---

① 是便是吉、非便是凶:原作"是便吉,非便凶",据日记本补两个"是"字。
② 若世俗所谓吉凶:谓,日记本作"为"。
③ 窦兰泉曰:日记本作"窦兰皋批云"。

倭仁日记

世情冷暖，有一毫介意，便是渣滓，[①]亟宜化之。

吴竹如曰：此下数条，皆实做审几工夫，方能省察及此，不肯放过。

事亲岂可使人为之，勉强改此，犹有卸肩意。

贪鄙之行，致儿效尤，白之于众，冀相征戒。

室人讥予多言，隐觉怫然。方望一家迁善，而恶闻己过，何悖甚也。

利心最害事，若实见得义理重，则财利自轻。夷齐让国，求仁得仁，饿死何妨哉。[②]

知其不可为而为之，满腔恻隐之心也，不问世道人心如何，这一副与人为善热肠，断冷不得。

---

① 便是渣滓：渣，原作"查"，据日记本改。
② 饿死何妨哉：底本无"哉"字，据日记本补。

一言一动,须求有益于人。

何子永曰:惟诚乃能自成,而自然及物。

惠善窃按:一言一动,求有益于人,诚仁人之用心矣。一言一动之自欺,尤当时省也。

有一言而伤造物之和、激人伦之变者,慎言哉!

虑善以动,动惟厥时。

只一个畏穷怕死心,遂至气节不振,相习成风,可为浩叹。

五代篡弑相寻,而忠臣孝子犹时见于史册,可见天理民彝,虽衰乱之极,未尝一日泯也。[1]

一涉想便是别人不是,所谓凶人荒德,惟知责人。[2]

不令一毫烦心事到亲心上,属家人共体此意。

按:养志莫先于斯,先生尽孝之言,即教孝之旨矣,未得斯意能无憾乎。百川谨识。

---

[1]　此条据日记本补。
[2]　同上。

谈人过,只缘心地不洁,[①]以恶感恶,遂牢著于心不去耳,过岂在口哉!

蔡中郎旷世逸才,内行修美,乃怀恩附逆,不得其死,立身大节,焉可不慎也。[②] 朱子论荀彧云:刚正之气,折于凶焰之余,[③]而渐图所以全身远害之计,故沦胥至此。人非穷理养气,其不至进退失据者,鲜矣。

从容闲适之意多,斋庄整肃之功少。所存不主于敬,故不免若存若亡。日间正坐此病。[④]

处顺境惯,才拂意,便不释然,气质驳杂,天性浇漓,再不努力,终无为人之日矣。自责自省,惟恐戾气之隐生也。

王道外无坦途,仁义外无功利。确论也。[⑤]

---

① 只缘心地不洁:只,原作"止",据摘抄本改。
② 焉可不慎也:焉,原作"乌",据日记本改。
③ 折于凶焰之余:折,日记本作"特"。
④ 此条据日记本补。
⑤ 同上。

鲁宣公初税亩,哀公忧不足,不能自强,苟且补苴,何救于贫弱哉。

吴竹如曰:言之慨然。

郡县得人,足致太平,不必定行封建,自是通论。致治本在于人才,人才本在于学校,①学校本于君德,欲郡县得人,则《大学》不可不亟讲也。

吴竹如曰:世鲜不以此言为迂,然于此信不过,正难望其转移世运也。

不自省,觉此心流溢多矣,只是不敬。

振阳刚之气,斩断柔牵,然后可以自立。

颜子曰:舜何人也,予何人也,有为者亦若是。孟子曰:舜为法于天下,可传于后世,我犹未免为乡人也,是则可忧也。此志时时奋起,庶几不至堕落。②

---

① 致治本在于人才,人才本在于学校:据日记本补两"在"字。
② 此条据日记本补。

奋发只是意气,不加涵养,流为暴戾,可惧也。

置身庸众中也,看不出世俗好丑,拔起身子,放开眼界,见世人营营逐逐,真不值一哂也。

此条客气不免。[①]

好善如好好色,恶恶如恶恶臭,务决去,求必得,无此诚心,定不济事。

为国家如何使得性气,学问不能变化气质,古来多少豪杰,往往坐此。

惠善窃按:非谓毁方为圆也。正大之所,愈涵养愈平粹,良玉精金,多则温然可爱,内实挺然不挠也。

何子永曰:义理与客气互为消长,客气仍是居敬穷理之功。

自是病甚大,当如大敌克之。

吴竹如曰:此真吾人对症之药,无如讳疾忌医,其病根

[①] 此条据日记本补。

更难自克耳。

何子永曰：能自知其不是，则必用杨园抛下之法；若人以为不是，则用武侯违覆而得中之法，此病当可渐去。又曰：怙过饰非，乖僻自用，祸身祸家祸天下，皆自是之病，随所遇而施之也。①

存天理于未发，何子永云：戒惧也。遏人欲于将萌，何子永云：省察也。此守关扼要之法，过此以往，虽劳罔功。

厌倦不诚，时时有之。②

人或誉己，得毋违道干誉、徇人失己乎？③ 此可惧不可喜也。在世人口中落个好字易，④在圣贤分上落个好字难。⑤

昔人云："人子事亲，礼卑伏似下仆，情柔婉如小儿。"此意可味。⑥

----

① "何子永曰"至"随所遇而施之也"共77字批语，据摘抄本补。
② 时时有之："时时"原作"事事"，据摘抄本改。
③ 得毋违道干誉：毋，摘抄本、日记本皆作"勿"。
④ 在世人口中落个好字易：落，日记本作"讨"。
⑤ 在圣贤分上落个好字难：落个，日记本作"讨我"。
⑥ 此条据摘抄本补。

自家病痛是柔懦含胡，柔懦则为善不力，含胡则穷理不精，其病根在心气不足，养心气是今日要务。

慎修按：养心气全在以义理浸灌此心。[①]

吴竹如曰：实做居敬穷理工夫，则二病自除。今不能免此病，必工夫犹有间耳。

恕以待人，严以律己，而今却反做了，岂不是惑。

世路本宽，有己则狭，一味自克，有无穷受用处。

范滂与党锢之祸，谓其子曰："我欲教汝为恶，而恶不可为；欲教汝为善，而我不为恶。"东汉之士以气节相矜，鲜圣贤反身之学，故其言忿激如此。

工夫难得精实，必戒慎不睹，恐惧不闻，不动而敬，不言而信，息息与天命之性相通，方是踏著实地。

---

① "慎修按"至"浸灌此心"共12字，据摘抄本补。

唐敬楷先生谓予曰:①"学以居敬穷理为宗,此外皆邪径也。"

讼狱滋繁,伦常败坏,人心风俗,可为隐忧。

身病忘不下,心病乃想不起,何耶?

经筵:御论举直错枉,敬思直者犯颜敢谏,今人难堪;枉者阿意顺指,今人易悦。灼见为直枉,克己以举之错之,非智且勇者不能也。直举则谠言日闻,君德益进;枉错则群邪悉退,国政益修。以之治天下何有!②

武侯言违覆而得中,犹弃敝屣而获珠玉。恶直喜谀,③自怙其过,无乃宝敝屣而弃珠玉耶?

君子先行其言,耻言过其行,自己行无一分,说得却有十分,真不堪问心者也。

---

① 唐敬楷先生谓予曰:底本无"先生"二字,据摘抄本补。
② 此条据日记本补。
③ 恶直喜谀:谀,日记本作"誉"。

倭仁日记

吴竹如曰：悚然汗下。

天与一分上好产业，任人侵夺，尊贵主人甘为奴隶，何无志至此耶？思此不胜愧厉。

支持外面，尚是畏人意多，不到安处善、乐循理地步，终靠不住。

吴竹如曰：张杨园先生云："安处善须从勉处善做工夫，乐循理须从苦循理做工夫，久则安，安则乐。"旨哉斯言。

客忧心海疆，愚意靖外必先治内，用人、行政有多少事在，正学术，养人才，求直言，[①]化畛域，裁冗食，警游惰，重本黜末，崇实黜华，皆要务也。

吴竹如曰：舍要务而不知求，斯一切苟且之计进矣。

既学便须到纯理无欲地步，若一念向理，又一念向欲，善恶杂糅，终不能成个人。勉之。

---

① 求直言："直言"二字，日记本作"真士"。

友人读《杨园集》，喜其驳斥姚江，恐此亦是偏见。我辈读书，当返躬内省，择善力行。徒事辨驳，长傲助矜，于身心何益乎。

兰泉云：不知为身心，亦可助矜长傲，知为身心，驳姚江正所以择善力行，不喜驳斥，恐于择善之未精也。①

湛然纯一，肃然警惕，此意一刻少不得。

偷安直是锢疾，著想即是。

饿死事小，廉耻事大，信得此理，自然不到趋利无耻地步。②

行一不义而得天下，不为，义重则天下为轻，况小焉者乎。

六班直庐和斌笠耕司寇：室暖有春意，居然安乐窝。琳琅盈卷富，药石警心多。笠耕以诗卷见示，剧谈终日，多有

---

① 此条据日记本补。
② 自然不到趋利无耻地步：无，日记本作"忘"。

益身心之言。促膝添吟兴，挥毫破睡魔。昼闲人事少，庭树自婆娑。①

人不如我意，是我无量；我不如人意，是我无能。② 如此自责，何怨尤之有。③

洪琴溪曰：我不如人意二语，须善会。

气不和顺，则乖戾之事应之，感召之机，在乎一心，安可不责己反躬，兢兢焉自治其性情乎。

杨园先生云："学当自知，不是时，须是全副抛下，从新做起。若只去泰去甚，留些根在，后来依旧长起，适以滋其文过饰非之习。"语极警切。

朱子云："此心本自光明广大，只用著些力提醒他便是，不要苦著力。"当循此用功。④

---

① 此条据日记本补。
② "人不如我意"至"是我无能"：两"如"字，日记本皆作"可"。
③ 何怨尤之有：日记本作"何尤人之有"。
④ 此条据日记本补。

《呻吟语》云:"儒与二氏,下手处皆是制欲,归宿处皆是无欲,是则同。"窃疑不然。二氏自私自利,乃欲之大者,与圣贤克己去私之学,如薰莸泾渭之不同,何可并论。不特二氏,即讲学者同言致知,同言至善,而毫厘之差、千里之谬,是非疑似之间,亦有不容不辨者矣。①

《呻吟语》云:"贪爱心第一可贱可耻,蝇蚁之于腥膻、蜣螂之于积粪,皆是这个念头。"读此悚惕。不自振拔,终身为蝇蚁、蜣螂而不知愧耻也。哀哉!

初念欲,转念于欲中求理,便堕文饰恶习。

何子永云:按先生谓余曰:"存养不密,或转以自私用智当作工夫。"又谓丹畦:②"初念欲,是习染以后之心。"其言皆警切可畏,附记于此,知自欺之有由,而居敬穷理之不可一毫疏也。足与此相发。谨附记于此。③

后有转念理一条,隐微中境界少别,而工夫益加细密,

---

① 此条底本只有"讲学者同言致知"以下内容,其他皆据日记本补。
② 又谓丹畦:畦,摘抄本作"溪"。
③ "警切可畏"至"不可一毫疏也"共37字,据摘抄本补。

当参看。①

　居敬工夫不间，穷理工夫不粗，始能无此失。勿轻看过。

　孔子好古敏求，忘寝忘食，生知圣人尚汲汲黾皇如此，小子何乃好逸恶劳，因循玩愒，岂非困而不学，民斯为下者耶。②

　厉豪杰有为之气，勿为物欲所挠。

　寄弟书：③州县亲民尽一分心，百姓便被一分福。前书"官名父母须慈爱，家有儿孙望久长"联语，④望时时念之。⑤公暇取有益身心吏治诸书，留心观玩，可以涵养性情，增长识见，不但是热闹场中清凉散也。⑥侄辈当严加管束，杜渐防微，责在我辈，衙门习气断乎沾染不得。

---

① 而工夫益加细密当参看：细密，摘抄本作"密实"。参，原作"合"，据摘抄本改。
② 此条据日记本补。
③ 寄弟书：书，日记本作"信"。
④ 家有儿孙望久长：望，日记本作"要"。
⑤ 望时时念之：望，日记本作"愿"。
⑥ 不但是热闹场中清凉散也：热闹，日记本作"闹热"。

　　何子永云：按身不修不可以齐其家，欲子侄不沾染衙门习气，须自己先不为富贵所淫，饮食、衣服、言动之间，不可一毫不检，而教以读书、习礼之功，亦不可稍有宽假，必至家人能体此意，乃见自己刑于之化耳。

　　读书应事，胸中著一我字，便作病。
　　原批云：穷理不到，有我非、无我亦非。①

　　静时此心，动时亦此心，瞬存息养，动静皆有事也。逐物意移，旋收旋放，算甚学。

　　苏颖滨以羊祜平吴致武帝荒淫，讥其不如范文子。南湖非之，谓大臣为国，岂其豫料其君之荒淫而不敌其忾者。夏寅亦云："武帝贻谋，本不足以维持长久，不在吴之存亡。"二说是。武帝特兼并耳，苟以吊民为心，安在吴之不可伐哉。

　　静中咀嚼出点道理，便有一番乐趣，不知圣人天理浑然

①　原批云穷理不到：此下底本无"原批云"三字，并书入正文，此据摘抄本改。

之心，其快足更何如也。

《呻吟语》云："名利休十分占尽，我得人必失，我荣人必辱，我有美名，人必有愧色。孔子谦己，常自附于常人。"愚意得失荣辱可为中人说法，若圣人分上，自有精义之用，似不必在人我利害上琐琐计较。[①] 且圣人之谦，实是德盛礼恭，岂故附于常人以自韬哉。又云："圣人藏名远利，贤人名修利劝。"看圣贤似浅。

吴竹如曰：《呻吟语》中，凡此类议论，似近老子学问，律以大中至正之道，不能无弊。

吴康斋先生梦中时时警恐，为过时不能学，前辈刻苦如此。其云："学以天地之量为量，圣人之德为德，未至于天道圣人，不可谓之成人。"又云："男儿须挺然生世间，一毫不尽其道，即是自绝其天。"读此奋然兴、悚然惧。

义理不足以养心，气质、物欲、习染迭起相攻，几何不沦胥以溺，可惧可叹。

---

① 似不必在人我利害上琐琐计较：底本无"必"字，据日记本补。

日用常行，事事做得尽分，非精力强固不能。噫，缺欠多矣。①

学耐烦，戒苟且。

孔子之乐在发愤忘食，颜子之乐在克己复礼，孟子之乐在不愧不怍。不从实地上作工夫，悬空想像，②以为至乐在是，圣贤无此学问。

才看出些少道理，便是己非人，如何能有长进。

何子永云：此种病痛，须严加省察，刻刻提防。

有错辄悔，悔后复错，志不坚、气不奋，虽悔何益。

何子永曰：频复须厉，否则迷复矣。懔之。

友朋相聚，于当下进德修业，切实讲求，方于身心有益，路径辨明后努力行去，③一日有一日工夫，一时有一时工夫，

---

① 缺欠多矣：欠，日记本作"见"。
② 不从实地上作工夫：底本无"上"字，据摘抄本补。
③ 路径辨明后努力行去：径，摘抄本作"境"，日记本作"经"。

勿徒在古人身上争是非也。

不可求静，亦不必讳言静。静以立动之本，察动之几，静亦何妨。若耽空守寂，偏枯作病，不可耳。[①]

一言不诚，欲行掩护，病中生病。

昔人谓岩墙处处有之，饮食起居不适其宜，皆岩墙也。宜时时畏谨。

惠善窃按：从欲而行，其为岩墙也大矣，可不惧哉。

每见嘉言善行，中心好之，同此身心，同此伦理，人能我何以不能耶？舍故求新，请从今日。[②]

诺朴庵问学，告以立志做人，[③]同志难求，得一共学之人，遂罄怀而吐，正不嫌以己所不能者望之也。

---

① 此条据日记本补。
② 同上。
③ "诺朴庵问学，告以立志做人"共 11 字，据日记本补。

朴庵读吕子书,面发赤曰:"不知此道,一生在醉生梦死中矣。"予曰:"及时为之,勿负此生也。"

功利中人久矣,正谊不谋利,明道不计功,须事事守此涂辙。

莫漫言存理,要认真理是甚么,方存得不错。①

义理生,闲事熟,总是如此。

朴庵患闲思虑,②告以思本心官,思得其正,自无闲思,遏抑他不得,惟时以圣贤之言栽培浇灌,令义理融洽,与心为一,则俗肠俗骨变矣。工夫以渐以恒,不可欲速助长,人能禁得冷、耐得穷,便有几分人品。

清议可畏,勿以人不知也而欺之。

朴庵问训蒙,告以先读《小学》,以正其趋向之路,次读

---

①　此条据日记本补。
②　朴庵患闲思虑:底本无"虑"字,据摘抄本补。

《曲礼》《少仪》《内则》以养其爱敬之良，①日取嘉言善行，为之讲说二三条，②日积月累，俾其盈耳充腹，③以为作圣之基，④而邪说不能摇矣。

舍知止求定静，即有所得，与至善却不相干。

伊川云："阳始生甚微，安静而后能长。"吕子云："存养如培脆萌。"⑤可识养心之法。

读《孟子》，志气激发，有奋乎百世之思。

有德之人，满腔都是春意，如饮醇醪，令人心醉。

君子之道暗然，须将向内外心一切收回，著实做言行相顾工夫，⑥汲汲孜孜，以求无愧怍可也。

---

① "以正其趋向之路次读"共9字，据日记本补。
② 为之讲说二三条：讲，摘抄本作"诵"；说，日记本作"学"。
③ 俾其盈耳充腹：腹，日记本作"肠"。
④ 以为作圣之基：日记本作"作圣之基立"。
⑤ 存养如培脆萌：脆，原作"脄"，古"脆"字，日记本径作"脆"。摘抄本作"脄"误。
⑥ 著实做言行相顾工夫：做，摘抄本作"作"。

送别敬楷先生。先生谓予曰：①"人知天之与我者，②至尊且贵，则我重物轻，便有'富贵不能淫，贫贱不能移，威武不能屈'气象。"悚然有省。学于大处见得分明，一切物欲，不攻自破，头痛救头，足痛救足，无益也。

胸怀舒畅，有悠然自得之意，心本无欲，只如此从容涵养去，拘苦他不得。

何子永曰：心本无欲，须在具众理上有实得，乃知之，非释氏所可假借。

语友云：③学贵变化气质，日用间须实有迁善改过处④，勿徒在口头上做工夫。迁改从自反入手，天下无责人之学，才责人，便已忘了自己。我辈日在恶中，不止是过，自救不暇，那有工夫检点他人耶。九容切宜理会，看曾子"动容貌，斯远暴慢；正颜色，斯近信；出辞气，斯远鄙倍"，工夫何等精密。

----

① 先生谓予曰：谓，日记本作"诏"。
② 人知天之与我者：与，日记本原作"予"。
③ 语友云：云，日记本作"之"。
④ 日用间须实有迁善改过处：日记本无"实"字。

倭仁日记

工夫大段在存养,存养熟,则省察精,克治亦省力。①

毁誉打不破,只是为己不切,如渴思饮,如饥思食,一日不学便一日不可为人,何有毁誉之见乎?

随时随处,懔懔乎,②惧失其所以为人之理,而无以为人。勉之勉之。

有沉舟破釜、灭此朝食一副真精神,区区物欲,直拉朽摧枯耳,何畏何疑而不用力。③

三代后君臣相与,鲜有以学问相砥砺者,宜其治之不如古也。

闻谈星命心动,可耻。鄙夫患得患失,无所不至,便是此个念头。

---

① 此条据日记本补。
② 懔懔乎:懔懔,日记本作"凛凛"。
③ 何畏何疑而不用力:疑,日记本作"凝"。

吴竹如曰：推勘至此，真能于动念处不放过。

终日钦钦，对越上帝，气质物欲一有触发，战胜而后已，此日间一乐也。

汉文帝卑逊谦抑，南粤称臣；①唐德宗下诏罪己，士卒感泣。倘能礼让为国，②其效更当何如哉，③《大学》致戒于骄泰，《中庸》垂训于不骄，厥旨深矣。

数日以为尽和平矣，而暴气一发，形于辞色，试思圣人如天之量，何所不容，奈何自小如此。

程纯公终日怡悦，何修如此？④ 想先生胸中纯是天理也，令人羡仰。

近日看先儒录，还是二程道理深厚，意味无穷。⑤

---

① 南粤称臣：粤，日记本作"越"。

② 倘能礼让为国：倘，原作"傥"，据摘抄本改。

③ 其效更当何如哉：底本无"哉"字，据日记本补。

④ 何修如此：日记本、摘抄本作"何修能此"。

⑤ 此条据日记本补。

敬自和乐,非敬之外别有个和乐光景;敬自虚静,非敬之外别有个虚静工夫。

何子永曰:决去私意则乐,故曰"决而和"。

识得天理当如此,便心肯意肯去做,工夫虽由勉强,天理却是自然。[①]

不能存养,只是说话,谅哉! 存养无功,虽日录千言,亦浪费笔墨而已。[②]

视邪色,心主之,禽兽圈子跳不出,如今尚是在人禽界上厮混也。[③] 危哉!

自己身心之事,尚淡漠相视,更何论视国如家,眼前切近之人且推行不去,莫空谈万物一体。

洪琴溪曰:圣经末节之旨说得如此警切,发人深省。

---

① 此条据日记本补。
② 同上。
③ 如今尚是在人禽界上厮混也:界,日记本作"累"。

理重一分,欲轻一分,要在本原上加意栽培,勿徒在病痛上较量增减。

一知半解算不得学,涵养为要。略绰提撕,在勿忘勿助之间。

董子三策,首言畏天,畏天之实,在强勉学问、强勉行道,以挽回天命。次言法天,法天之道,任德不任刑,以教化为大务,而归本于正心。教化之大者,在兴学置师,养天下之士,令列侯郡守,各择吏民之贤者,岁贡二人,以备宿卫,贤者有赏,不肖者有罚。纯王之政,均可见诸施行,能于此设诚而致行之,何三代之不可复乎。

审几不得力,只是隔靴搔痒。[1]

大舜舍己从人,禹闻善言则拜,汤改过不吝,文王不谏亦入,大哉! 圣人不可及已。[2]

---

[1]　此条据日记本补。
[2]　同上。

张子曰：存心未熟，客虑多而常心少，习俗之心不去，而实心未完。真透骨之语。①

防欲未萌，非有如猫捕鼠、如鸡伏卵一段真精神，决是无济。②

此道非有一段如猫捕鼠、如鸡伏卵，洞洞属属真精神，终难凑泊。

何子永曰：竹如先生尝云："如猫捕鼠，就省察说；如鸡伏卵，就存养说。"

汲长孺以多欲不能法唐虞，至哉斯言。盖多欲是根子先坏了，有天德乃可语王道，未有无正心诚意之学，而能行尧舜之政者。

诒谋不臧，③子孙则而象之，身教可无兢兢与。

---

① 此条据日记本补。
② 同上。
③ 诒谋不臧：诒，摘抄本作"贻"。

动心忍性,处处是进德实地,切勿孤负。[1]

何子永曰:操存则安乐中亦有动忍,舍亡则忧患中亦必放滥。

拂意事以为不动矣,而隐隐触发,过而仍留,盖虽强制于外,实未融释于中也。

汤文正公云:"学者勿以实未了然之心,含胡承当;实未凑泊之身,将就冒认。"自己信心处,都是含胡将就,去学中真境尚远。

每值春和,多觅花卉,以娱椿庭之心,适有鬻者,复思购买。呜呼不孝,汝忘严亲长逝耶? 而将谁娱耶? 痛哉痛哉。

张宣公以汉武轮台之悔,[2]由于诵习六经,听儒生之论,至于力衰意怠,善念有时而萌,可知诗书益人,而讲论道德之士,不可一日去侧也。使帝笃信古训,与二三贤儒讲求而

---

① 切勿孤负:孤,日记本作"辜"。
② 张宣公以汉武帝轮台之悔:帝,据日记本补。

力行之，何至过举多端，徒嗟末路哉。

先有意见，人言未尽，遽发议论，心粗气浮。

薛方山以汉之二疏为身谋，以后其君，而责以伊周之事。夫伊周之德之位，岂二疏敢望，疏盖自度其德与力，[1]不足以转移储贰，如太甲、成王之迁善悔过，[2]则莫若移疾去位，犹可以远辱而保身，其高节远识，[3]亦大异乎知进而不知退者矣，何事过求乎？

吴竹如曰：朱子谓疏广父子亦不必苛责之，虽未尽出处之正，然在当时亲见元帝懦弱不可辅导，他只得去，亦是避祸而已。

问："如何不以告宣帝，或思所以救之？"朱子曰："若是恁地，越不能去。便告与宣帝，教宣帝待如何？"

何子永曰：越不能去，有素餐旷职之惧，非仅为避祸也，须善看。

---

① 疏盖自度其德与力：疏，据日记本补。
② 如太甲、成王之迁善悔过：善，日记本作"义"。
③ 其高节远识：其，据日记本补。

心路滑熟，口昏忽便走失。程子云："人只有一个天理，不能存得更做正人。"可哀哉！①

见善则迁，有过则改，只要一个快性，何事多言。②

无坚定之力，视听持行且游移无据，更莫论处大事、临大节。

穷理专一，看得一处分明，则逐处贯通，都是这个道理，故心贵一也。

日间放过不知多少，须用逆力拗过来。

胡致堂先生谓修人事即是性与天道，极透。

少年科第，不立志向问学，③寻一条正路走去，鲜不汩没

---

① 此条据日记本补。
② 同上。
③ 不立志向问学：问，据日记本补。

一生。师道不立，人材败坏，①岂不深为可惜哉。②

能爱人、恶人本领，从诚意来，如恶恶臭，如好好色，必于己之善恶不自欺，而后爱一人而天下劝，恶一人而天下惩，于人之善恶无所私也。然非格物致知，好恶未有当理者。

圣人告颜子以克复，此为邦之旨，天下国家之治乱口必由之。③

澄心定虑所至精至一时，方与天命之性息息相通，有一点杂妄，便隔绝。④

读内自讼章，证出自家病痛，只是口头支吾，意气振刷，在心髓里断绝根株，不留余力，无此真切。

---

① 人材败坏：材，日记本作"才"。
② 岂不深为可惜哉：原作"深为可惜"，"岂不""哉"皆据日记本补。
③ 此条据日记本补。
④ 同上。

刘念台先生云:"天下治乱,不能舍道而别有手援之法,一涉功利,皆为苟且。"真儒者之言也,①然鲜不迁之者。

奈何不为圣贤豪杰,而甘与草木同腐,此志当时时激厉之。②

充长善端,使恶自不生,此正本清源之道。

多少切身事,悠忽过了,却要管别人闲帐,只是失其本心。

唐敬楷先生《学案小识》一书,以程朱为准的,陆王之学概置弗录,可谓卫道严而用心苦矣。

汤文正公云:"遵程朱者,当学程朱之学,心程朱之心,居敬必极其至,穷理必极其精,喜怒哀乐必求中节,视听言动必求合礼,子臣弟友必求尽分。"此大儒为己之言。

---

① 真儒者之言也:真,据日记本补。
② 此志当时时激厉之:激,据摘抄本、日记本补。

古人之学，实有可以质鬼神、俟圣人处，不徒以口舌折辨为能。

明季王学盛行，国初陆平湖、张仪封诸君子，昌言握击，不遗余力，因时救敝，不得已也。今之学姚江者几人哉！何必重翻旧染，再起争端耶？学者惟当返身为己，求至于圣贤之归，而勿逞论说，以长气矜善矣。①

吴子序言，性是人之命根与天呼吸相关处，此处一断绝，便自弃其天，而无以为人。此言甚有见。

吴竹如曰：性是命根，未免说倒了命根二字，似是语病。若云命是人之性根，庶可通。

疑人偏见，安知非己之偏，不可不察。

利害倚伏，不必别有害，利心即害也。

议论求胜人，言之是非不必论，而心先病矣。

---

① 此条据日记本补。

一日十二时中,密密推勘,思虑无邪妄否,言行无差忒否,有则改之,无则加勉,方不负此一日。

父子之恩固天性,然用情自有中道,尤溺于情,不欲正言以抑其情,亦溺也。①

朱子注《太极图说》,补出敬字,谓敬则欲寡而理明,寡之又寡,以至于无,尤足发周子言外之意,指示学者入手工夫弥详尽矣。

兰泉云:"气质不变,见闻知识皆以培长病根,②成积重难返之势。"信然。精密以察之,果决以断之,优游以化之,斯可耳。

为儿言,人须有刚气,不刚身子便放倒了,斩断柔牵,挺然立起,方是丈夫。

戒惧弛,则心与性离,静存处已不是了,不待发动始

① 此条据日记本补。
② 见闻知识皆以培长病根:日记本无"培"字。

差也。

吴竹如曰：心与性无离时，以静时昏昧，故动时差谬，斯谓之离耳。

嘴里说著要刚，当下仍是懒散，道理须贴身做出来方算，[①]不然只是伪也。

人家孝友恭谨，盛之基；乖睽纵恣，衰之兆。衡以此理，百不爽一。

从形迹上起见，要人说个好字，最为小人心术。

人家作官，便侵染浮华，从前朴素之风不复睹矣，当亟亟挽之。

眉批：所谓位不期骄、禄不期侈也。君子凛之。[②]

志如伊尹，始为有志；学如颜子，始为好学。不如此，便是自暴自弃。

---

① 道理须贴身做出来方算："方算"二字据日记本补。
② 此条日记的批语据摘抄本补。

人异于禽兽者,以其能尽仁义礼智之性也,若依稀做些,不到十分,仍不可谓之人。

完人难得,古人好处,皆是一段真精神做出,莫等闲看过。

持门户异同之见,为前人争是非,只是寻好题目作文字。[①] 若反身向里,有多少紧要工夫做,自无暇说短道长。

何子永曰:亦有为自己考验得失者,须从自己心上省察是为己为人。

好一人,则张大以成其是;恶一人,则附会以证其非,只是己见为害。

孙文定三习一弊疏,耳习于所闻,则喜佞而恶直;目习于所见,则喜柔而恶刚;心习于所是,则喜从而恶违。自是之根不除,则几伏于至微,而势成于不可反。可谓万世龟鉴。[②]

---

① 只是寻好题目作文字:好,据摘抄本补。
② 可谓万世龟鉴:谓,原作"为";据日记本改。

眉批：非徒君之于国也，即身之于家亦然。①

中者，天地间亭亭当当、直上直下之正理，出则不是，惟敬而无失最尽。② 予极爱程子此言，③惟敬字工夫做不到，④若存若亡，往往失之。

从前是此等人，今日仍是此等人；从前做此等事，今日仍做此等事。下愚不移，思之可恨。

肠饥思食，气便不定，总之心无主宰，处处皆病也。⑤

一念宽，则乘隙而出者，遂不止一念；一端苟，则连类而及者，遂不止一端。可无时时畏谨。

口头敷衍，意气支撑，都与此学无干，虚心静虑，极深研

---

① 此条日记的批语据摘抄本补。
② 惟敬而无失最尽：惟，日记本作"推"。
③ 予极爱程子此言：予，日记本作"余"。
④ 惟敬字工夫做不到：惟，日记本作"推"；到，日记本作"计"。
⑤ 此条据日记本补。

几,必求尽乎天理之极,而无一毫人欲之私,始是真实为己。①

道味亲则世味疏,涵养此心,推知义理之乐,则进矣。②

乡原心打叠不尽③,终不可以入道。

凡不可告人者,皆穿窬之心也,搜剔出来,焚巢扫穴,何等正大光明。

天下事安能尽如我意,为己所当为,其在人者听之而已。④

工夫不进,病坐不思,若肯深思痛省,不怕你不努力。

与庞作人言:孔门大路,经程朱辨明后⑤,惟有敛心逊

---

① 此条据日记本补。
② 同上。
③ 乡原心打叠不尽:叠,原作"扫",据日记本改。
④ 此条据日记本补。
⑤ 经程朱辨明后:经,日记本作"径"。

志,亦趋亦步去,知一字行一字,知一理行一理,是要务。

毁言于己最有益,恐惧修省,可以藉资鞭策①,推之凡不遂意处,皆锻炼身心实地也。

吴竹如曰:此二则人人宜为书绅。

言适可而止,多一句便错,字字当理,言简意尽最难。

刻苦生快乐,自恕便有歉然不安处。

在细微处苛苦求人②,切戒此病。

有事无事,都少这思字不得,不思便非昏即妄,人欲肆而天理灭矣。③

居敬工夫至虚极静时,看道理便亲近。

---

① 可以藉资鞭策:资,原作"兹",据摘抄本改。
② 在细微处苛苦求人:苦,据日记本补。
③ 此条据日记本补。

四端固有,当下具足,整齐严肃是礼,辨别理欲是智,克去物欲是义,其中一段油然畅然之意是仁,皆性之德而具于心,四端犹四体,须臾不可离,于斯可验。

福善祸淫,因其人之感召,而天无容心焉。高忠贤谓自感自应,所以为其物不贰。见得精。[1]

不轻慢则矜持,难得行所无事。[2]

情思牵引,事物驰逐,寂然者竟无一时日复一日口是故吾可不惧哉。[3]

将身心切要工夫,说过便休,自欺孰甚。

定之以中正仁义,而主静立极,本体工夫一齐说透。戒慎不睹,恐惧不闻,以合于上天之载,其旨一也。[4]

---

① 此条据日记本补。
② 同上。
③ 同上。
④ 同上。

存心可以寡言，若言言中理，须有一段穷理工夫。①

改过不吝，吝字最恶，或欺人不知而故为之，或视为无妨而复蹈之。包羞含垢，宁负疚于神明，不愿割爱于情欲；宁迁就以自护，不愿奋发以求新。安危利灾，而以为藏身之固也，可哀也已。

讲学家各执一说，是此非彼，殊无谓□然自修不言，躬行可也。②

叶平岩谓，太极在人心，为喜怒哀乐未发之中，看得的确。人生而静，性之本体，当其未发，仁义中正之理浑然具焉，主静立极，正从这里讨消息，此第一义工夫也。及其感物而动，刚柔善恶各有偏主，恶不必言，即善亦非性之本体，为其落在二五中也。占定第一义做工夫，方是达天之路。

吴竹如曰：此条语多可疑，既谓太极在心为未发之中，又谓感物而动，即善亦非性之本体，夫太极，静而体立，固为

---

① 此条据日记本补。
② 同上。

未发之中,而动而用,行即为中节之和,其发而善,正由本体无不善,所谓体用一源也。若认太极为独偏于静,宜其未免分体用为两橛①,而别有所谓本体之善矣。毋乃昧于率性谓道之旨乎?至谓动时之善为落在二五中,岂静时之太极独立于二五之外哉。斯又未知理固不杂乎气,亦不离乎气也,今必专守一静②,以为占定第一义做工夫,则《中庸》言致中足矣③,何以必兼言致和耶?吾恐立论一偏,未免误会主静立极之旨,而转滋流弊耳。竹如识。④

南轩先生始亦认未发为太极,朱子尝力辨之,后人自不应复沿其误。

一日不亲书册,方寸中便添多少芜杂。

引喻极高,而浅近道理不尽,此学者大病。

吴竹如曰:读此语,可证前条之失。

何子永曰:辛亥人日,竹如先生语余曰:"欲亦未即是

---

① 宜其未免分体用为两橛:未免,据摘抄本补。
② 今必专守一静:专,摘抄本作"独"。
③ 则《中庸》言致中足矣:则,原作"将",据摘抄本改。
④ 竹如识:三字据摘抄本补。按:摘抄本吴竹如批语,前无"吴竹如曰",后附"竹如识",此为摘抄本与底本行文格式之别。此后类似情况皆不再补"吴竹如曰",亦不另出注。

恶。"初闻而骇然。先生曰:"视听言动,皆气上事,即欲也,勿非礼则无恶矣。"聆此爽然,觉向之所以侊侗提撕而绝无真得者,由欲绝欲以求善,而不知理不离乎物,苟能即物穷理,而以为善去恶之力持之,则所谓有物有则者也,物岂遂害于理哉。观此条,则先生于浅近处固无时不省察,并非空守静中一个太极,谓占定第一义做工夫。读竹如先生此条按语,不啻面命耳提,令在浅近处检察耳目口体也。丙辰又奉先生书,令于日用做惩窒迁改工夫,而以九思、九容为目,先生不倦之思至矣。小子勉之。丁巳八月二十七日。

又曰:"《大学》止善之功,全在子臣君父,而朱子复教学者以推类,可谓指示极切矣。"

又曰:"动察功疏,正由存养不密,二者交济,乃不偏失。"

又曰:"敬贯动静、该体用,敬而无失,则存养省察乃不偏失。"

心放极微细,才顺适,便流溢,常凛凛地方如。①

---

① 此条据日记本补。

唐太宗论弓,木心不正,则脉理皆邪,弓势虽劲,而发矢不直①。人心亦然,未有心不正而言行中理者。

博亲心一日之欢,穷饿亦是乐事,况不至此耶。利心重而天性漓,何以为子,何以为人。

所行并未尽分,便是己非人,甚可笑。

存诚审几,一时不可离,一生不能尽,千差万错,只是一个不诚。

日间行事,非气质则习染,纯乎义理,无一毫夹杂者,无一二也。

一有己见,便不和平,不必见诸口色,而所恃已多矣。②

欲仁斯至,一提醒便在这里,然非真积力久,旋合旋离,

---

① 　而发矢不直:发矢,日记本作"矢发"。
② 　此条据日记本补。

终非己物。三月不违，颜子境地真是高绝。[①]

蕺山谓：离独信即是放，如此口来，终日都是放时。[②]

程子语"大其心，使开阔"，看来须是穷理，理穷则心小，心小则见大矣。[③]

圣人之道，诚简易广大。然见地一差，则以直捷了当为简易，而循序渐进目为支离者，有矣。以圆通无碍为广大，而绳趋矩步厌其拘苦者，有矣。毫厘千里，不可不慎。[④]

以耳作目，随人说话，真是妄[⑤]。

明辨笃行不可偏废，争门户者以辩论为工夫，务调停者以含糊为浑厚，一则辨而不行，一则行而不辨，要之，俱无

---

① 此条据日记本补。
② 同上。
③ 同上。
④ 同上。
⑤ 真是妄：真，日记本作"直"。

是处。①

主敬以立其本,穷理以致其知,反躬以践其实,此为学正路。②

程子性无内外,然作工夫却要内外夹持,③敬义并进,居横个无内外在胸中,依稀想像,则心性苦而无精切之效矣。④

以耳作目,复宛转以证之,真是妄而又妄⑤。

心放便出人入禽,何等关系,思及此,不由人不懔懔⑥。

心为严师,随事精察。愧此八字⑦。

心有不正,当思其不正之由,而克治之,徒事遏抑,不是

---

① 此条据日记本补。
② 同上。
③ 原缺字,据程颐思想,所缺应是"夹"字。
④ 此条据日记本补。
⑤ 真是妄而又妄:真是,据摘抄本补。
⑥ 不由人不懔懔:懔懔,摘抄本、日记本作"凛凛"
⑦ 愧此八字:愧,日记本作"妮"。

工夫。

　　圣人教人在实地上学[①]，任拈一语都是彻上彻下，终身由之不能尽也。

　　《大学》定静本于知止，舍知止求定静，便非圣学。
以下四条注藻生日课。[②]

　　程朱注格物，至当不易，学者本此做工夫可也，何必复之异说。[③]

　　舍难求获，舍忠恕求一贯，舍庸德庸言求无声无臭，欲速助长，皆利心也。[④]

　　虚灵不昧，著落在具众理、应万事上，不是光灿灿一个心便谓之明明德也。

---

① 圣人教人在实地上学：实，日记本作"宽"。
② 此条据日记本补。
③ 同上。
④ 同上。

克己,则无不可处之人;知足,则无不可处之境。

東蕖生谓初读《姚江集》①,心即疑之,未敢遽以为非,后于濂洛关闽略有所窥,益觉良知之说于心刺谬,而非程朱大醇至正之学可同日语也。近见家乡学者②,踵相沿之习,往往窥见影响,便张皇说悟,以为即此是性、是道、是仁、是一贯,一了百当,千圣同源,凌虚驾空③,欲速助长,所造愈深,去道愈远。屡欲出一言以正之④,愧学无所得,又不欲诋毁前人,长矜助躁,涉争立门户之嫌,蕴结于中有年矣。敬读尊录,似亦不免此弊,其中自得处,大抵优侗牵合,少亲切精到之处⑤。盖所见一差,发之语言⑥,便觉偏枯作病,而不合乎人心义理之当然,学术是非,毫厘千里,不可不慎也。

自己一个心,一时不能保,如何做人?⑦

---

① 東蕖生谓初读《姚江集》:蕖,摘抄本作"渠",谓,据日记本补。
② 近见家乡学者:家乡,日记本作"宗卿"。
③ 凌虚驾空:日记本作"凌空驾虚"。
④ 屡欲出一言以正之:正,日记本作"证"。
⑤ 少亲切精到之处:日记本作"少亲切精计之效"。
⑥ 发之语言:语言,摘抄本作"言语"。
⑦ 此条据日记本补。

强人从我，不从则心非之，甚矣！己见之为害也。①

持论虽正，而有自是非人之心，便是病。②

自省爱病，在心失其养，减省外事，以义理养心，是保身要务。③

虚著此心，无时无处而不致其戒谨恐惧之力，胸中有此意思便觉好些。④

口过即是心过，心存则言谨矣。

重处发，熟处难忘，无事不如此。

忠信所以进德，一日之中，自早至晚，一事之中，自始至终，皆实心贯注，私伪不存，此进德实地工夫，勉之勿懈。

------

① 此条据日记本补。
② 同上。
③ 同上。
④ 同上。

敬心为主,何事非学,厌烦便不是。①

尽心最难,有自以为尽之心,即是不曾尽也。

发愤日用间,定不容一毫物欲扰我灵台。②

仁,人心也,不仁便非人。须体认仁是如何,一日中离者几时、合者几时③,虚心静虑,自证自考,庶有日新之机。

张子昼有为、宵有得,自问为庇,是甚得庇? 是甚为天地立心、为生民立道? 自问心如何立、道如何立? 真放过,此身不得也。④

总是言行不副,真真切切、心安理得处,百无一二。⑤

见道则心愈小、德愈谦。孔子以德不修、学不讲为忧,

----

① 此条据日记本补。
② 同上。
③ 一日中离者几时、合者几时:几时,摘抄本作"时几"。
④ 此条据日记本补。
⑤ 同上。

歉然于子臣弟友之未能;颜子有若无、实若虚;曾子临深履薄,毙而后已。此圣贤相传心法。后人矜夸自大,诧为见道,便不似儒者气象。

漫言世情薄,自处何曾厚道。①

学程朱而弊,犹不失为拘谨;学陆王而弊,则俪规错矩、肆无忌惮矣。

争门户,逞意气,固非调停回护,搀金银铜钱为 器,受病亦复不小。②

古人汲汲皇皇,干办身心之事,如救火追亡,刻不能待,此是何等精进。我辈自审何似,乃好逸恶劳,挨排度日③,几何不终于小人也。

薛子云:"每顾遗体之重,未尝一日敢忘先人,常常存

---

① 此条据日记本补。
② 同上。
③ 挨排度日:挨,日记本作"抚"。

此意。"

心不妄思，身不妄动，口不妄言，切实行此甚难。心妄，则身口因之；不妄思尤要紧一著。

勤勤收拾，不令逐物，当下便觉口帖。①

一念正则升天，一念邪则入地。其几甚微而势成于不可反，可不惧哉。②

养生之道，寡欲二字尽之，事事节制，不使稍过③，养心即以养身也。

一懒散，身心便无归著，有荡检逾闲之势，危哉。

兄戒予曰④："大言浮气，只是心不在腔子里⑤，日用随

---

① 此条据日记本补。
② 同上。
③ 不使稍过：不使，摘抄本作"使不"。
④ 兄戒予曰：曰，摘抄本作"云"。
⑤ 只是心不在腔子里：心，日记本作"必"。

境所处①，步步踏实，事事不苟，分内有多少不能尽处，真不敢旷说一句、轻视一人也。"

唐高祖命王魏辅太子，为王魏者，当劝太子孝事高祖、友爱秦王，谨身修德，无有过失，其或不听，引身而去，不与其难可也。君子处人骨肉，而出处以义，道固当如是尔。后人论其不当事仇，当死于高祖之命，尚是后一层事。

凡出一言、行一事，以及读书接物，即自省曰：是毫无所为而尽吾所当然乎，抑徇外为人如纳交要誉之类也。日间须以此作功课。

自弃不必柔懦，去理至囗不尽其分，即自弃也。②

示儿云：人须养恻隐之心，春生夏长，蔼然畅然，此天地生生之气，而人得之以为心者，常存此心，一点刻薄念不可有，一件刻薄事不可做，一句刻薄话不可说。

---

① 日用随境所处：日记本作"日用间随境所处"。
② 此条据日记本补。

知病便合下药，取前言往行，切中膏肓者，时时涵咏。

天下无傲人之学问，亦无世不容之圣贤。程伯子终日怡悦，岂皆适意之事、顺己之人，盖其涵养深醇，一腔都是春气，故能无人不得，虽安石之乖愎，不能不服其忠信。我辈可知所则效矣。

知病便合下药，取前言往行切中膏肓者，时时涵咏，临境复深省而痛克之，气质未有不变化者。（上二条语友①）

上天垂戒，庶民皆在谴告之中②，恐惧修省，不止是君身事，读书须切己观之。

徇外便要好，怕口纷扰于中，此作伪心劳之证。③

兄之工夫只一敬字，敬字做到极至处，便尽性达天。④

---

① 上二条语友：此五字据摘抄本补。
② 庶民皆在谴告之中：谴，据日记本补。
③ 此条据日记本补。
④ 同上。

笃实二字做不到，虚惰气尚未消化。①

陆桴翁云："人心过不去处，即不可对天处，此见天人一理。"语甚警悚。②

朱子云："未发之前，气不用事，所以有善无恶。"初犹未喻。继思未发时一理浑然，只有善无恶，及发而气动用事，始流于口静，在动察，务使理胜而不为气所夺，最是紧要工夫。③

真信得性善，自然汲汲求之气物，物严自容他不得，如口怠漫因循，不激不昂，只是信性善不及。④

本源不透彻，藉古人语言激发意兴，转眼便衰歇了，终归无济。

---

① 此条据日记本补。
② 语甚警悚：日记本作"语甚警悚切"；多个"切"字。
③ 此条据日记本补。
④ 同上。

阴阳生万类,灵秀者为人。宇宙无欠缺,欠缺在吾心。此心苟圆满,物物皆含春。中和能位育,斯言理最真。戒惧以慎独,不见与不闻。珍重此天命,勉勉终其身。

斥儿之非,而自蹈之,何也?

遇世故人,便习染些虚假意思,不可不察。

心无主宰,刻苦耐不得,冷淡耐不得,世情炎寒耐不得,真无一而可也。[1]

坐间玩纯公语,甚有意味。因思《中庸》鬼神章说得亲亲切切,洋洋乎天地人鬼,通此实理,乾乾对越,敬循无失,日用之间纯是天机用事,安得臻此境地乎![2]

孟子浩然之气塞乎天地,是诚不可卷处。[3]

---

[1] 此条据日记本补。
[2] 同上。
[3] 同上。

家庭间，一个利字最坏事，利心重^①，骨肉可以成仇。

日用间背理伤道者多矣。一言一动，求合于道，须发至诚心。^②

以应酬为俗事，便生厌烦轻易之心，敬以为主，而审处其当，何事非学乎？

喜谀恶直，小人哉。^③

周子说个几字，真是吃紧，为人谨则为圣为贤^④，肆则为禽为兽，此个关头何等危险，古人战战兢兢过了一生，只在此等处辨得清、守得定。

时时□里著力，钻进里面安身立命，人所不知而己独知之，方是□然实际。^⑤

---

① 利心重：心，日记本作"害"。
② 此条据日记本补。
③ 同上。
④ 为人谨则为圣为贤：谨，日记本作"谦"。
⑤ 此条据日记本补。

必使一念不妄发,方为严密。

口到身不到,往往蹈此。[①]

真改过,一刀两段便完了,徒说无济[②]。

戒儿辈:委靡大家口厉精神,力求日新,勿将光阴虚度。[③]

双池云:"视听言动偶失其则,家人已生慢易之心[④];亲爱贱恶稍流于辟[⑤],家人已生怨怼之心。"读此思修身之道,有多少不检之处。

宣史先生来言,心地要诚,工夫要熟。诚则体道切,而德日进于高明;熟则察理精,而用不穷于泛应。敬佩之。

---

① 此条据日记本补。
② 徒说无济:无,日记本作"何"。
③ 此条据日记本补。
④ 家人已生慢易之心:心,日记本作"志"。
⑤ 亲爱贱恶稍流于辟:稍,日记本作"少";辟,日记本作"僻"。

人之量本大，只为气拘物蔽，自私自利，遂小得与蟠蚁蝇蚋相似，可怜可怜，须大发奋，极力扩充之。①

对有德人，便觉自己轻浅。

未发无有不善，发而中节，无往而不善，不中节然后为不善。寻思此语，知未发时为地甚宽，为时甚豫，只为心不存，便一蹴到那边去，无时不蹉过也。求善于未始有恶之先，正要从未发著力。②

静中存养则性定，静中玩弄则性□。所争只在敬肆，人多看坏敬字，未免因噎废食。③

《中庸》天命，周子太极，都是从源头说起。《中庸》言理，太极兼言气，致中之本，主静立极，功夫一也。④

---

① "气拘物蔽"，原作"气拘物欲蔽"，据日记本删"欲"字。"可怜可怜，须大发奋，极力扩充之"等13字，据日记本补。
② 此条据日记本补。
③ 同上。
④ 同上。

本中于未发之前,观未发气象,善会似亦无弊。然毕竟是程子所言"存养则可"与"敬而无失"二语,中正无偏也。[1]

程子以才有善有不善。窃疑性善才亦善,才者,性之良能,扩充四端,以践形尽性者也。为不善,非才之罪。还是孟子说得了当。[2]

性如安佚,不用力,便颓塌下去。[3]

自己身心与人何涉?都要人道个好字,伪心难化如此。[4]

心稍存,便省出多少病痛,自谓无病,非昏忽即是冒认。[5]

---

[1]　此条据日记本补。
[2]　同上。
[3]　同上。
[4]　同上。
[5]　同上。

可惜神明之用，只不诚，便变为憧憧之思，心本无罪，不用心之罪也。①

一事学不校然，一有不足与校之心，则又涉轻人矣。②

自见为大，便小；自见为深，便浅。③

待人不诚，以为其人可以不诚应也，岂诚亦因人而施耶？谬矣。

吴竹如曰：前遇世故人，便习染些虚假一条，其病根于此勘出。

以耳作目，复宛转以证之，妄而又妄。④

迁善改过，须在此处著力，语言文字、口舌辩论，都算不得。⑤

---

① 此条据日记本补。
② 同上。
③ 同上。
④ 同上。
⑤ 同上。

李子言：□虽异端，其坚定之性，自不可及，不似我辈拖泥带水，不能割舍也。亦鞭辟切己之论。车中思理本生初，欲乃后起，故学以存理为主，遏欲辅之，与□教打破理字，惟言制欲者，固有不同。①

《通书》以诚为主脑，静为工夫，诚无事、诚无为，言诚之本体本是静的，所谓人生而静，性之体也。末章以艮卦结之，静则止，止非无为②，皆教人主静立极之意，厥旨深矣。③最宜潜玩。

吴竹如曰：言主静，亦必以敬为工夫，④敬则自静也。故朱子特于《太极图说注》中补出敬字，其虑深矣。若说以静为工夫，恐易堕于一偏。

朱子又云："濂溪言主静，静字只好作敬字看，故又言无欲故静，以为虚静则恐入释老去。"此定论也。

① 此条据日记本补。
② 止非无为：无，据日记本补。
③ 厥旨深矣：四字据日记本补。
④ 亦必以敬为工夫：亦，据摘抄本补。

理直欲曲，理明欲昧，的是如此。①

理气犹性气，一而二，二而一，只要看得通透，不须多为辩论。②

整庵以道心为性，人心为情。双池非之，诚是。③

苛以□人，宽以恕己，往往蹈此。④

切身体验，举业即学也。

凡事皆有个极至道理，心粗气浮，便不见得尽，□负也。⑤

心统性情，存之为仁义礼智，发之为恻隐羞恶辞让是

---

① 此条据日记本补。
② 同上。
③ 同上。
④ 同上。
⑤ 同上。

非。学只是理会这个道理渐深,生熟则视乎功力何如耳。[①]

读《困知记》云:"今天下财用日窘,风俗日敝,皆由制度隳废而然。故自衣服、饮食、宫室、舆马,以至冠昏丧祭,必须上下有等,贵贱有别,则物无妄费而财可丰,人无妄取而物可阜,是在朝廷而已矣。"此救时之论。又云:"科举取士,先词藻而后身心,人才所以不古。口因今之学校,取程子教养选举之法,推而行之,人才事业,远追商周,宜有可冀。"亦致治之急务也。[②]

伊川云"不识怎生养",此定论也。后又以"求中"为不可,盖以"求"字过重,恐人将"中"作一物看,著力求之,致生病痛,故以为不可,而以存养救之。要之,存养时亦离体认不得,缘此处只扶"求"字之非,未及之耳。求与识自别,非有异同也。[③]

每知一过,即有一文过之心随之,及觉,念已数转矣。

---

① 此条据日记本补。
② 同上。
③ 同上。

张子之言，直是精切，其云："学长进，正以莫识动静，见他人扰扰，非干己事，而所修亦废。"自省终日坐此，冥冥悠悠，无进步也。①

读《困知记》，富贵、贫贱、生死、妖寿之命，与性命之命是一个命，皆定理也。见得是。②

程子以徇欲忘身为耻，常体此意，何至自贻伊戚。③

不问世途如何，我只是守拙安命。④

主张太过，讲学家往往坐此，言多道晦，亦可慨矣。⑤

努力向前，毋瞒心昧己，毋畏难苟安，勉勉循循，定要做个第一等人，方是学。此癸卯年训宗荫语也，偶一阅及，循

---

① 此条据日记本补。
② 同上。
③ 同上。
④ 同上。
⑤ 同上。

省多惭，行不副言，欺孰甚焉。

扩然大公，物来顺应，此境何尝有一时梦著。①

整庵谓："惇曲庸礼，命德讨罪，皆神道设教之事，可破邪说。"又云："吾人爱惜廉耻之心，胜于营求富贵之心，则三代可复。"盖口乎其言之矣。②

宣史先生云："忧勤惕厉是正脉，信心太过，便易走差。"又云："人须务实，孔门弟子人人不欺瞒，大小都成个人品。"忧勤，敬也；务实，诚也。斯言教我矣。

朱子云："静中私意横生，此学者通患，此当以敬为主，而深察私意之起，多为何事，就其重处，痛加惩艾，久之自效③。"真万金良药也。

身在此，心合在此。朱子谓"一不自觉，俯仰顾盼之间，

---

① 此条据日记本补。
② 同上。
③ 久之自效：日记本作"久之自有效"。

已不知其身之所在"。验来真是如此。

理不能御气，学不能养才，是大病。

宣史先生来言："克己之学，自天子以至庶人，少此二字不得。"又云："小心翼翼，昭事上帝，此心不可有间。"又云："居之无倦，行之以忠，日用间体此甚难。"皆切论也。①

纯公云："元来只此是道，在人默而识之。"又云："不须防检。"又云："才著意，便是有个私心。"因是纯公天分高，说得自然。要之，道理平铺，只是如此，原无须口使力气也。②

笑人心放，自家又何尝在腔子里，如同离家，虽云家有远近，其在外一也。③

心路滑熟，只是不敬，真敬则心凛凛。然如集木、如临谷，自然一物不容，偶有流溢，便可即时收回，亦不至大为扰

---

① 此条据日记本补。
② 同上。
③ 同上。

扰矣。①

"上帝临汝,无贰尔心。"真信得此理,见得临上质旁、明明赫赫,不期敬而自敬。若徒藉语言提撕,祸福恐动,已不是敬,敬亦不久。君子畏天命,惟知之,故畏之也。②

无一事尽分,病在无求尽之心。③

凡事认真天理一边做去,才有搀杂,立即消融,此迁改第一步工夫。

性情宜养,激昂慷慨,只是些浮气。

尤人心一毫不可有。④

人异于禽兽处,只有一个天理,理不能存,禽兽何异,故

----

① 此条据日记本补。
② 同上。
③ 同上。
④ 同上。

程子曰"更做甚人"。①

心如太虚，一蔽于私，便如有物填实在这里。程子之心常要活，又云："心有所著，便是欲。"当时时体察。②

朱子云："非全放下，终难凑泊。"盖胸中有丝毫夹杂，便与道隔绝了。

从性命上看，只有仁义礼智，并无穷通得丧，乃于固有者弃之如遗，本无者贪恋不舍，亦忍甚矣。③

王子洁《学约》云：伦常尽道始谓之人，我辈在五伦中，自问能尽者何事。做第一等人，为第一等事，勇猛前进，方为自待不薄。当下提醒此心④，不使昏昧，检束此身，不使放肆，戒慎恐惧，常存天理，则私欲自消，不欲勿施，推开人己藩篱，学到大公境地。为学要真，真心改过，过自寡，真心迁

---

① 此条据日记本补。
② 同上。
③ 同上。
④ 当下提醒此心：醒，摘抄本作"撕"。

善,善自多。皆座右铭也。

雀雏学飞堕地上,群雀翼之,不能翔,捉而纵之,方随群雀去。兄云:"是犹恋母时也,能飞则四散去矣①。"嗟乎,人子天性日漓,而不慕其亲,闻此其有省哉。

张子云:"潜心于道,忽忽为他虑引去,此气也。旧习缠绕②,未能摆脱,毕竟无益,但乐于旧习耳。"张子实用功,说得如此警透。

看人诗稿,以此心力而用于正学,不胜吟哦诗句耶?复自省曰:我之于学何如,终日妄费心力,亦犹是也,乃见人不见己耶。③

论人向深处求,天下无善人矣,此最不可。

复子洁"居之无倦,行之以忠,为政之要,二语尽之",我

---

① 能飞则四散去矣:原作"能飞则散矣",据日记本补"四"字。
② 旧习缠绕:绕,日记本作"扰"。
③ 此条据日记本补。

辈做事稍觉惬意①，便有侈心②，此即倦之机③，不忠之验也。须知己量至大④，道理无穷，便做到参赞位育，亦是吾分当然。古圣视民如伤、望道未见，实见得自己有未尽分处，故忧勤兢业，若无若虚耳。此意愿共勉之。

《学约》首伦常，次立志，不可易已，辨义利亦要紧关头。惟利之中人至深且久，似宜痛揭其弊，如《白鹿洞讲义》，使人汗泪并下，以动其是非、羞恶之心，由愧生愤，然后有下面工夫可做耳。继则以读书穷理以致其知，主敬存诚以立其本，（敬则自静，言敬而静在其中，口中敬静对举，故及之。⑤）不欲勿施以公其量，迁善改过以求至于圣贤之归，再言理学不妨举业，以解其惑，以壹其心。末段复申之以学在当下⑥，及时努力，以致丁宁告戒，互相切磋之意。（此皆就约中所有而次第之）如此则阶级分明，义理周备矣，循序致精。为学如此，立言亦当如此。

---

① 我辈做事稍觉惬意：稍，日记本作"少"。
② 便有侈心：便，原作"但"，据摘抄本改。
③ 此即倦之机：机，摘抄本作"几"。
④ 须知己量至大：至，摘抄本作"甚"。
⑤ "敬则自静"以下15字据日记本补。
⑥ 末段复申之以学在当下：段，据摘抄本补。

吴竹如曰：主敬存诚句，似宜移在读书穷理句上。

因不失亲，此言煞有关系，与小人作缘，而受其毒害者，岂少也哉。①

与德香皋前辈谈学甚畅②，其云：工夫最怕作辍，念兹在兹，无不得之理，养得此心活泼泼地，则仁可识矣。讲不迁怒云：我辈之怒，多是忿未到迁时，先已怒错了③。如恶恶臭，如好好色，只问此欺慊何如，欺则禽、慊则人，此处假借不得。

熟会孔子气象，便觉万物皆春；熟会孟子气象，便可壁立千仞④。

语言快意，则不顾其口，日间省来，口过居其大半。⑤

---

①　此条据日记本补。
②　此条底本仅有"与德香皋讲不迁怒云我辈之怒多是忿未到迁时先已怒错了"，其余皆据日记本补。
③　先已怒错了：日记本作："先已怒得错了"；多个"得"字。
④　熟会孔子气象，便觉万物皆春；熟会孟子气象，便可壁立千仞：两"会"字，摘抄本皆作"玩"。
⑤　此条据日记本补。

自知其非，不敢终执己见。①

遇愚浊人，难以正言告戒，曲详开导②，以冀消弭衅端，然特不至决裂③，无能感化之也。

各私所有，不知反身，遂生出多少荆棘，德不足以感人，仍是自己本领不济，勿但责人也。

耻躬不逮，何等鞭策。我辈凭意妄谈，绝不为行计，其所谓言之不怍乎。④

役智弥精，去道弥远，天下惟一个诚字，能通物我、化町畦。

庄敬自持，不令放逸，有坦然自得光景。⑤

---

① 此条据日记本补。
② 曲详开导：祥，日记本作"辞"。
③ 然特不至决裂：特，日记本作"仅"。
④ 此条据日记本补。
⑤ 同上。

初念欲,转念理,持之不坚,仍从欲路去矣,只是志不帅气。

内外有一分不肖,即是伪。不必侈谈高远,只忠信二字,无一事做得尽分。①

见得些道理,便觉世间事有多少不如意处,世间人有多少不可耐处。看圣人气象何等宽裕,岂如此递算耶,亦可以爽然矣。②

袭君子之猊,存小人之心,亦世间一蠹也。

不循理坐,定不能安帖,天下何事不然。③

薛文清有过必痛改而后已,如何不造到大儒地位。

---

① "不必侈谈高远,只忠信二字,无一事做得尽分"据日记本补。
② 此条据日记本补。
③ 同上。

倭仁日记

顾谡天之明命,说个天之明命,便令人悚惕,常目在之,如实有一物在自己面前,动静语默不敢稍忘①,此日用亲切工夫,赫赫然临上质旁,奈何习玩而不知畏也。

何子永曰:视听言动、子臣弟友,无一时不有当然之则。

汤之日新又新,何等精进,须日日有一番簇新气象,方不是空过。②

求静则心排想像,反生扰乱。故朱子云:"才著口要静时意思,便是添了多少思虑。"③

无欲故静。周子境界极高,学者须是敬,敬则欲寡,以至于无,不求静而自静矣。④

涵养二字最妙,如水侵物,静静地养在这里。孟子所谓养夜气,程子所谓心常要活,皆谓此也。⑤

---

① 动静语默不敢稍忘:语默,日记本作"言语",稍,日记本作"少"。
② 此条据日记本补。
③ 同上。
④ 同上。
⑤ 同上。

谓穷理专一处即是居敬可,谓居敬精明处即是穷理(此王姚江语)不可。居敬则穷理始精,穷理则居敬益密。

一晨似无大过,骨子里少一段至诚极切真精神,仍算空过。

不动气,非存养熟后不能,视听言动非礼,喜怒哀乐不节,皆节为气动也。[1]

《思辨录》云:"诚意为作圣根基,此处立脚不定,终是要塌下来。"又云:"一息断绝,便与天地不似。"此二句,须于独中体认要言也。[2]

如猫捕鼠,如鸡抱卵,口口属属而不知其他,诚力行此,久之自成片段。[3]

---

[1]　此条据日记本补。
[2]　同上。
[3]　同上。

兄弟谈显微无间之理，此时意境较近，然此犹是虚见，若实信得显微无间，慎独工夫自不容不至。

《思辨录》云："人能于一日中，识得善恶念头起灭几次，可与言省察矣；识得敬字工夫继续几次，可与言存养矣。"读此愧悚，窃谓念头起灭即敬字断续处，省察精密即存养纯熟处，无二功也。[①]

心之所工多是目，目之所入，非礼勿视，所以为克己首务与。[②]

当如何便如何，一涉私心便不直捷。

何子永曰：此诚意工夫，穷理自在前，然不可于此时转诿知之不精，以隐遂其私心之牵制也。当字已是理明义正，无可回顾。

无处非心，即无处非学，只一敬字贯之。[③]

---

① 此条据日记本补。
② 同上。
③ 同上。

不须立静坐课，主敬存诚，无处不是静也。①

孟子所谓大丈夫、所谓豪杰之士，须常以此等语言激发志气，心有所欲，若思到遂欲后索然意尽时，热情渐冷，此亦破除之法也。②

须有宽洪广大气象。③

于欲初动时止截，是为不远之复，动而不止，迷复凶矣。然非敬心为主，志气清明，无以审动之几而止其流也。

听传闻之口遍发议论，总是气轻。④

欺伪未有不败露者，因人省己，殊切懔懔⑤。

---

① 此条据日记本补。
② 同上。
③ 同上。
④ 同上。
⑤ 殊切懔懔：懔懔，日记本作"凛凛"。

倭仁日记

见可喜可怒之事，自家著一分陪奉他①，此亦劳矣，细思量殊属无谓，习而不察，此等处正不少耳。

圣人之心如止水，须常玩此，临境复省觉之，庶不至逐物意移。②

一息不敬则生理息。③

不分动静，只平平地养在这里，极为意味。④

武酌堂述广平李孝廉从师北上，师贪暴，及门畏避之，孝廉尽弟子礼维谨，遇之虐，无怨也。噫，厚矣！又言孝廉事兄曲尽弟道，盖未有厚于师友而薄于同气者。

孝廉名玉振，字粹产，其子吉言，己酉庚戌联捷高魁，现任广宁知府。⑤

---

① 自家著一分陪奉他：摘抄本作"自己著一分"，日记本作"自然著一分"。
② 此条据日记本补。
③ 同上。
④ 同上。
⑤ 同上。

程子云:"养知莫过于寡欲。"即致知在敬之意,敬则欲寡,欲寡则理明。[1]

复邓介槎查仁[2],某资性愚下,得失之际不能绝不动念,幸数年来诵古人之训,获师友之益,每一触动,辄自惩治,尚不至扰扰为累。然毕竟俗根未拔,于道无得也,惟高明进而教之。

整庵谓:"养气即养性。"自是指集义养气而言,然认气为理之弊,不可不知。[3]

读古人书,有意吹求,最为心术之害。

整庵以未发之中物物有之,似未安。[4]

程子云:"既思即是已发。"疑其伤偏重。竹如云:"此语

---

① 此条据日记本补。
② 复邓介槎查仁:查仁,据日记本补。
③ 此条据日记本补。
④ 同上。

最精。"因忆薛文清有云①:"程子此言说到未发尽头处。"与竹如见合。

双池以父子比太极,为造化枢纽,品类根口,子有贤不肖,比二气,为气强理弱。似未安。②

宣史箴予云:"日用小处不必过于纠绳,持其大者,日月至而操存熟,些微出入,自当由寡而无。"盖谓予大者之不立也,必力勉以副厚期。

朱子云:"敬如烈火,有不可犯之色。"最善形容。纯是阳刚之气,物欲自犯不得。

圣贤之言一经触发,愈咀嚼愈有意味。

程子四箴:知几、克念、战兢、自持,尤为用力之要。③

---

① 因忆薛文清有云:"薛文清",日记本作"堂文真"。
② 此条据日记本补。
③ 同上。

宣史谓:"恶务去、善求必得,最难。"予云:"是知不真。真知是恶,自务决去;真知是善,自求必得。"①

朱子讲穷理从五常五伦上穷极推究,知此理之同源,是《西铭》入手工夫。②

心有偏重,遂出不平之言。

理不足以御气,千病万病不出此。③

庞作人以口渠瞬存息养,献王实事求是相勉。敬佩之。④

《思辨录》云:"欲兵之精,莫若省兵而增粮;欲官之廉,莫若省官而增俸。"极是。

此亦但立法一边事。

---

① 此条据日记本补。
② 同上。
③ 同上。
④ 同上。

倭仁日记

人生不过百年，富贵浮云，皆非我有，惟为学是大便宜事，要人看破耳。

知得此事不好，牢扎定脚，硬地行、从好路去，此心莫退，当力勉此。

心是太极，心之寂然感通，为阴静阳动；发而为仁义礼智，即五行四时；酬酢万变，即万物化生。静存动察，勿二勿三可矣。①

德不修，学不讲，义不徙，过不改，孔子忧之。舜为法可传，我犹未免为乡人，孟子忧之。这一忧是汲汲皇皇，如饥如渴心肠，我辈自省有此一忧否？不知忧此，岂修德讲学圣于孔子、为法可传贤于孟子耶。思此不禁愧厉。②

快之须臾而有余戚，忍之须臾而有余乐，奈何不自强也。

---

① 此条据日记本补。
② 同上。

心路滑熟,恍忽驰去,非志切气定,念念警觉,不能截其流也。①

朱伯韩谓予云:"要培植正气,正气不足,回护牵掣,必有见到做不到处②。"又云:"陆王之学,诚有流弊,然其志气激昂,自是狂者胸次。"较之我辈倚墙靠壁,犹复倾跌者,相去甚远③,学者慎勿轻议古人④,不知自反也。

未能大公,先学克私;未能顺应,先学慎动。

伯韩谆谆以刚字相勉,谓必如此而后能任重致远,迁善不勇,改过不勇,皆委靡之故。又云:"日用间于大道理看得分明,守得坚固,小小出入,自当渐寡,不必琐琐计较,以挠广大之体。"又云:"精力养得强固,则百事可做。"殷勤告教⑤,皆身心要言,有友如此,何忍负之。

───────────

① 此条据日记本补。
② 必有见到做不到处:见到,日记本作"多少"。
③ 相去甚远:甚远,日记本作"远甚"。
④ 学者慎勿轻议古人:慎,日记本作"甚"。
⑤ 殷勤告教:告教,日记本作"教告"。

倭仁日记

何丹畦督学黔中,为言:下车之始,便须树之风声,俾知趋向。正学不明,士风衰敝,非大声疾呼,不能振起聋瞶[1],非积诚相感,无以转移人心。为国家储才[2],任大责重,愿实力为之,勿入宝山空回也。

外诱之除,程子以为自私用智,勘得极细,当其在外时,何者为在内。点醒处耐人寻思。[3]

平日看诚字未曾切实理会,即此已是不诚。此字无一事做到。[4]

平常二字极有味[5],非虚心静虑,不知其妙。

子弟可终年不读书,不可一日近匪人,此甚言也。子弟必读书,始能不近匪人。

吴竹如曰:张杨园先生云:"二者势实相因,不读书势必

---

① 不能振起聋瞶:起,日记本作"启"。
② 为国家储才:家,据日记本补。
③ 此下两条皆据日记本补。
④ 同上。
⑤ 平常二字极有味:平常二字,日记本作"平平常常"四字。

至近匪人,近匪人势必至于不读书。"呜呼,岂独子弟也哉!一息尚存,总不可不读书,不可近匪人。今人有倡言不必读书者,此不祥之言也。讬言小人不得已,而近之者终于下达而已矣。

言忌道尽,留心我戒之①。

伯韩谓予,因执古,切病在不刚,亦由不明穷理为变化气质实功。②

经朋友告教一番,知道多少病痛,添助多少气力,甚矣,他山攻错之为益大也。

无义理培植之功,所以难得长进,伯韩以从容涵咏为勉,果是切要。

时议禁用金器以节财之流,多开金厂以浚财之源。疑有未尽。返朴还淳,岂惟金器不宜滥用;生财有道,又岂多

① 留心我戒之:我,据日记本补。
② 此条据日记本补。

采金币遂能富国哉。

子序谓予曰①：“当言不言，是本体上病痛。”此言有见。有不容已之心，斯有不容已之言，当言不言，必心体有不足处。

程子往往说仁之体，教人识得后好下工夫，与孔门即事求仁不同。②

《西铭》写出个居广居底样子，寻孔颜乐处在此。

志小气浮，内轻外重，为害不小。

兄言，日日讲学，一遇事便放倒。定识、定力竹如有焉。

吴竹如曰：声闻过情，君子深耻，色取行违，圣人垂戒，抚躬滋惧，何以克副斯语。

无清明广大气象，举头一看，终日在泥涂坑堑中

① 子序谓予曰：曰，日记本作"云"。
② 此条据日记本补。

也。噫！

觉人诈而不形之于言，无此涵养。

万恶从懒散生，意念萌处，欲多理少，危哉。气质难变，非下很力不可。

力克一私不肯放过，硬地行、从好路去，得朱子此言之力。

读伊川口有愧惧意，有羡慕无穷意。①

静时存寂然之体，动时察感通之用。②

敬事之道认作故事，应酬便生厌倦之心。③

处功名之会，若无若虚，不自矜伐，非知道者不能。

---

① 此条据日记本补。
② 同上。
③ 同上。

设身处地，知古人有多少不可及处，学问之功乌可已乎。

以人为非，自己何尝尽是，到尽是时，再责人不迟。

处事不详致悔，悔中尚有些私在。

看动静不融洽，工夫故多间断。

二程以圣人为必可学而至而已，必欲学而至于圣人。吴康斋以圣贤为必可学，气质必可变。豪杰之士同此一个志愿。此志不立，而能有成者，鲜矣。

不光明正大，何以为人。

利心最是锢疾，甚事不因此坏了。

视听四箴，字字精实，今日稍知其味，当深思而力践之。①

养志二字，非至爱且敬不能，于此而不尽分，何以事亲乎。

矫轻警惰，必须时时用力。

不须防检，不须穷索二语，惟内见仁体始信及此。

王沂公言：抑奔竞而崇恬静，庶几有难进易退之人②，盖士大夫重廉耻，而后天下有风俗，崇廉奖让以养士气③，其为国先务与。

与作人言：谢上蔡去一矜字，是我辈对证之剂，固蔽自欺，虚自大，为害不小。作人谓，一念责人，即小人下达之路④。极是。

---

① 当深思而力践之：践，摘抄本作"蹑"。此下四条皆据日记本补。
② 庶几有难进易退之人：进，据摘抄本补。
③ 崇廉奖让以养士气：崇廉奖让，日记本作"崇奖廉让"。
④ 即小人下达之路："小人"二字据摘抄本补。

麟皋先生为予云："《中庸》未发之中指示极为亲切,当于此处认性。"又举如集于木、如临于谷、战战兢兢、如履薄冰四句,曰："时时如此,则心存而性口识矣。"又言："呼吸皆天,瞬存息养,不可丝毫轻慢。"①

听传闻之语,发激厉之辞②,最为躁妄。戒之。

《大学》,大人之学,说个大人,便见人不可自小。明德、新民、止至善,要将这大处填实,方尽了学字工夫,完了人字分量。

程子云："物如付物,这里自不出来。"朱子亦云："有多少分口感,便有多少分口口,这里自定。"日间胡乱应付,这个意境通未梦著。③

谨几不得力,只是居敬功疏,敬则定,定则明,便有几分把握④。

---

① 此条据日记本补。
② 发激厉之辞:辞,日记本作"词"。
③ 此条据日记本补。
④ 便有几分把握:把握,日记本作"捻把"。

　　《朋党论》云:"退小人之伪朋,用君子之真朋,则天下治矣。"顾何以知其真伪,而用之、去之耶? 清好恶之源,以正其本,则主德其先务也。①

　　为儿子言三代以上讲学之效②,秦汉以下不学之弊,嗟乎,无学术则无人才,无人才则无政治,君子不幸而不得闻大道之要,小人不幸而不得蒙至治之泽③,此子朱子所以致慨欤?

　　生理至足,有君臣便有个义,有父子便有个亲,以至夫妇别,长幼序,朋友信,皆是天理自然,不假安排,充满洋溢,无亏无欠,此天地生物之心,而人得之以为心者。致知知此,力行行此,仁仁此,敬敬此,诚诚此,礼乐刑政由此而推,易象诗书本此而教,身心家国天下修此则治、悖此则乱,此道之范围曲成,而不可须臾离者也。

----

①　此条据日记本补。
②　为儿子言三代以上讲学之效:子,据摘抄本补。
③　小人不幸而不得蒙至治之泽:蒙,日记本作"被"。

常体曾子养亲之心，庶可少诮罪戾。

龟山读书法，以身体之，以心验之，从容默会于幽闲静一之中，超然自得于书言易象之表，决当以此为法。

程纯公眷眷于天下国家，去就却极分明，不放过一步，是学孔子无可无不可处。

范文正公遇事必尽其力，曰："事之在我者当如是，其成与败，不在我者，虽圣贤不能必。"韩魏公曰："人臣尽力事君，死生以之，至于成败，天也，岂可预料其不济，辍而不为哉。"可为事君之法。

吴竹如曰：此与武侯之鞠躬尽瘁同一心志，自董江都以下鲜见及此者。

爱人、敬人有一段淋漓笃挚心，人即愚顽，必有感动，以为无益而弃之，自亏其本量者也。

持身不正，妇孺尽能笑人，可无敬乎。

故态复萌,日间不知凡几,变化之功安在。

涵养须用敬。

宋神宗以理财为务,故安石之言得以中之,驯至变乱旧章,斥逐正士,为一代阶祸之主,岂非利心之为害大哉!①

病在本根,不在枝叶,治病在培本根,不在修枝叶,身心天下一也。②

怒过便流于忿,不可不察。③

程子言:"兴利之臣日进,尚德之风寝衰,非朝廷之福。"苏文忠云:"国家存亡,在道德,不在强弱;历口修短,在风俗,不在富贫。"皆名言也。④

延平谒龟山书,学无所得,朝夕恐惧,如饥寒切身者,思充饥御寒之具,此一惧乃作圣之基。又曰:故吾可舍,今吾

---

① 此条据日记本补。
② 同上。
③ 同上。
④ 同上。

尚存，昔之所趋，无辙迹之可留，今之所受，无关键之能碍。具此志愿①，何患不造到大儒地位耶！

复李强斋前辈：气质驳而难纯，习染深而难变，善在性者难得而易失，过在心者难除而易集。近读程纯公集，见其气象从容广大，生意满腔，真得孔颜乐者。反躬对勘，纯是自私用智，去大公顺应奚啻千里，不禁爽然失、奋然兴也。

察之隐微独知之地，验之伦常日用之间，去伪存诚，迁善改过，必求尽乎天理之极，而无一毫人欲之私，要著力勉此②。

程子曰："且省外事，但明乎善。"此言殊切要。而今病痛正是好兜揽事，心地杂乱，看道理不出耳。③

因移居，见人宅舍，辄起计度之心。故程子曰："心不可著一事。"

---

① 具此志愿：志愿，日记本作"勇力"。
② 要著力勉此：力，日记本作"实"。
③ 此条据日记本补。

闻人之言,察其是非,然心有偏主,则所见之是非,皆己私也。

延平云:"见一视同仁气象却不难,须理会分殊,毫发不可失,方是儒者气象。"可知学以穷理为要,若认个优口气象便是仁体,再不下精义工夫,便差也。延平之言,盖有以防其弊矣。

延平说理细密,气象谦冲,令人矜平躁释。

辨善恶,诚好恶,慎独絜矩,自修身以至平天下,一以贯之矣。①

仁,生理也,戒惧,生机也。心要常活②,徇欲则死,形存理亡,禽兽何别乎?

致斋渔汀:家庭间只一味克己,便无事。语云:财物轻、

---

① 此条据日记本补。
② 心要常活:要常,日记本作"常要"。

怨何生，言语忍、忿自泯。亦至言也。

复冉友山：作文以读书为根柢，日间取五经四书严立课程，依朱子读书法身体心验，循序致精，久之蓄理既多，以躬行心得之言，发圣经贤传之旨，文不求工而自工。

昔人以苏文忠公为未败露之安石①，窃疑为过，然观其诋毁伊川，是不好善也。充不好善之心，远贤用佞，夫亦何所不至？安石之凶于而国，非不好善之一念为之哉？

涵咏义理，觉为学之乐，天地间无有过于此者。②

司马君实、吕晦叔为相，纯公曰："二公当与元丰大臣同更化，与时宜之可也。若先分党与，必为异日之忧。"嗟乎，大臣当国，虚心平气，以折衷至是，而不争意见之私，庶于国是有济耳。元祐初，纯公如秉政，默运潜移，必有一番妙用，当不至激而生变，致绍圣以后之纷纷也。

---

① 昔人以苏文忠公为未败露之安石：公，据日记本补。
② 此条据日记本补。

一念无私，推之使念念皆然；一事当理，推之使事事皆然。不如此，不足以言学。

处积重之势，非雷厉风行，不足以挽积习而新庶务。程子所谓不救则已，救之则须变，其此时乎?[1]

申凫盟先生[2]（名涵光，字和孟，号凫盟，著有《荆园小语》《荆园进语》二卷。）谓象山持论太高，在己可以为学，于人难以为教。愚谓教学一事，不可以为教，即不可以为学。

有祖父重利、子孙流于污下者，上好下甚，贻谋何可不慎。

伊川先生见弟子言前辈之短，曰"且学他长处"，体此亦可进德。

孔子于列国大夫，一善之长，津津乐道。盖如天之量，

---

① 此条据日记本补。
② 申凫盟先生：盟，日记本作"孟"。

生物之心也,反躬对勘,褊心可以化矣。①

自谓无意见,安知无意见者之非意见乎? 穷理不精,都无是处。②

性命之理,著落在君臣、父子、夫妇、兄弟、朋友,其中时位不同,经权各异,千条万绪,轇轕纷纭,苟非精义入神,变易从道,乌能合乎天理之正,而无过不及之差乎。

亲义别序信③,从身心上靠实体察,问那一条做得尽分,黾勉求尽,勿徒空口谈学。

张宣公曰:人私己自便,徒知血肉之躯,而不知其体元与天地相周流也,岂不可惜。常存此语于胸中,便有些阔大气象。

---

① 此条据日记本补。
② 同上。
③ 亲义别序信:别序,日记本作"序别"。

李忠定为汪黄所沮①,求去,琼山邱氏谓非委身事君之义,殊未然。忠定以道事君,不可则止,可谓大臣矣,君暗臣奸,不去何济。观鄂州之窜,公岂能一日安于朝廷之上哉。

阳刚用则心正身修而治,阴柔用则心不正身不修而乱。②

人只是此心,心正则气刚,为神为圣,与天地参,心不正则气馁,如鬼如蜮,同草木腐,在自主而已矣。

礼严男女之别,丝毫不容苟且,古人敬以成性,正大之气全从此处养出,可不勉乎。

吴竹如曰:慎独工夫,当从闺门衽席上做起,真所谓对妻子如严师。

涵咏义理,觉为学之乐,天地间无有过于此者。③

仁为安宅,义为正路,孟子最善形容。得安宅而居之,

---

① 李忠定为汪黄所沮:黄,日记本作"赏"。
② 此条据日记本补。
③ 天地间无有过于此者:"天地间"三字据摘抄本补。此条据日记本补。

富贵贫贱、生死患难①，无往不安；遵正路而由之②，为己为人，为天下国家，无往不正。《通书》守之贵、行之利、廓之配天地，正谓此也。舍安就危，去正从邪也，何以哉③。

支离巧曲之意，隐伏于心，猛一省觉，真堪内愧。

思之也切，则为之也力。思者万善之原，而力行之要也，可不务乎④。

本体之明有所未尽，则其所发必有不能实用其力而苟焉以自欺者。朱子此言确切病痛⑤。

见地狭小，就不及处鞭策，须是放开心去理会⑥。

涵养此心至虚极静，日用间细针密偻，丝毫必求尽分。

---

① 生死患难：生死，原作"死生"，据日记本改。
② 遵正路而由之：遵，日记本作"道"。
③ 何以哉：以，原作"心"，据日记本改。
④ 此条据日记本补。
⑤ 同上。
⑥ 同上。

勉之勉之。①

朱子论仁兼四端之旨,曰:恻隐心先动了,方有羞恶、恭敬、是非,动处便是仁,若不从动处发出,所谓羞恶者非羞恶,恭敬者非恭敬,是非者非是非。此意甚精。吕口随五性,总是个仁,只不仁了,都是人欲。亦此意,但说得无此详尽。②

应思者必尽其量,不应思者绝不使萌。如今将心都妄用了,遇事反不得力,岂不可惜。

明善知性,是格致第一工夫③。

此学急不得、缓不得,急则助、缓则忘。勉勉循循,永无间断最难。④

---

① 此条据日记本补。
② 同上。
③ 是格致第一工夫:日记本作"第一义工夫"。
④ 此条据日记本补。

倭仁日记

苟且自足，根在隐微，不除此根，终不足以入道。

看来知过亦不易，真知是过，自不容不改矣。

须将自己所言一一行了，勿徒浪费笔墨。

参前倚衡，不动而敬，不言而信也，学如此始绵密。

忠信笃敬，何人不可处。与此龃龉，必言行有未是处。①

有可籍口，便欲放宽，小人哉。②

居敬穷理工夫。延平有一段说得极好。涵养此心，勿为他物所胜，每遇一事，即就此事反覆推勘，待其脱落融释而后已。言言切要。③

体悉人情，即是天理，执理而不察情，并所谓理者亦

---

① 此条据日记本补。
② 同上。
③ 同上。

非矣。

察情,非徇情也。

自省隐微处,不出乡愿窠臼,须从心髓里刮磨洁净①,方能笃实光辉。

蕺山云:"无事得一偷字,有事得一乱字。"诚然。惟其无事时偷,所以有事时乱。

遇仓卒事,思一处置之法,当如何便如何,坦然应之,何须挠乱。

与作人言:学问之事,第一要克除客气,虚心静气,反躬务实为要。②

学始于不欺暗室,此处问心不过,其余皆是作伪。

古人能自树立者,多刚毅之士,立脚不定,只是刚气少。

①　须从心髓里刮磨洁净:磨,日记本作"摩"。
②　此条据日记本补。

端居深念，看圣人是如何，自己是如何，圣人何以为圣，自己何以为愚，朝夕以思之，饥渴以求之，弃旧图新，必期至于圣人而后已，夫如是，孰能御之。

《中庸》即祭祀之鬼神，以明诚之不可掩，实则在上在旁，天地间无时无处不是实理充塞，所以要戒惧慎独也。

蔡虚斋以岳忠武奉诏班师为不知权，似非确论。公所恃以恢复者，以忠义之气足以激厉士卒耳[1]，己不奉诏，何以率人。朝廷主和，诸将归镇，公以一旅之众[2]，悬军深入，虽智勇兼备，胜负恐未可知。使朝命一人以代其军[3]，其何以处之？兵权去手，桧且得藉口专擅之罪以戮公，不待莫须有之狱罗织矣[4]。度公之心，以为与其违诏而获罪，进退失据，心迹无以自明，不若暂归以为后图，而不意遂死桧手也。高宗柔暗，自坏长城，天不祚宋，奈之何哉[5]。权臣在内，大将

---

[1]　以忠义之气足以激厉士卒耳：第一个"以"，据日记本补。
[2]　公以一旅之众：以，据摘抄本补。
[3]　使朝命一人以代其军：据日记本补"使、以"二字。
[4]　不待莫须有之狱罗织矣：原作"不待莫须有之狱矣"；罗织，日记本作"罗识"；摘抄本作"不待莫须有三字之罗织矣"，据摘抄本补"罗织"二字。
[5]　奈之何哉：日记本作"如之何哉"。

不能立功,当时事实,为局外人一口道破。愚以为忠武之不知权①,在昧于见几之义②,而不在奉诏班师也③。

何子永曰:按此等处,诵"绿兮丝兮,汝所治兮"之诗,而深味朱子之说,可以知人伦当尽之分矣。

高忠宪云:"理不明,故心不静,心不静,而别为法以寄其心者,皆是害也。"观此知穷理所以存心、调心、观心等法,皆非养心善术。④

家庭间,人各私其妻子⑤,天性乖睽,而家道衰,其害不可胜言。

自欺之根极深极细,打破此关,方有立脚处。

心广体胖,从慎独来,惟其战战兢兢,所以坦坦荡荡,自欺者何足以语此⑥。

---

① 愚以为忠武之不知权:为,据摘抄本补。
② 在昧于见几之义:昧于,日记本作"于昧";见,原作"先",据日记本改。
③ 而不在奉诏班师也:奉,日记本作"本"。
④ 此条据日记本补。
⑤ 人各私其妻子:各,日记本、摘抄本皆作"如"。
⑥ 自欺者何足以语此:以,据日记本补。

倭仁日记

汪双池言：君子坦然存诚，自有公道，不可避嫌。初疑避嫌亦有公私，未可执著，子细思量，始知其言之是，避嫌只是私也。

读书应事，看个大概便歇，再不向细处穷究[1]，此生平最受病处。

看来穷理为要，行不到，多是见不到处。

《居业录》讲敬字工夫最好，将程朱言敬处融会贯串，大有功于学者。

充长善端，使恶自不生，自是清源之道，然何以便能充长？使生理洋溢，如火然泉达耶？非实用其力，念兹在兹，只成一场说话矣[2]。

何子永曰：实用其力，念兹在兹，乃能做知皆扩而充之工夫，居敬穷理，安可一息间断，间断则善端不充长，而恶生

---

① 再不向细处穷究：向，据日记本补。
② 只成一场说话矣：说话，日记本作"话说"。

矣。戒哉。

　　宣史先生来书,谆谆以经世相勉,谓当深阅《孟子》、陆宣公、韩、欧、朱子之文,于外边人情事势上互相切劘,不然局于书生之见,仍少圣学实用①,于世何补②。先生爱予深,故期予厚,当如何讲求策励,以无负此良箴乎。

　　为学工夫,因从心上起,然须识天地万物莫非己也之意。朱子曰:“放开心胸,理会古今,无不晓事□圣贤,无不通变□圣贤,亦无闭门独坐□圣贤,可知全体大用,圣贤有多少学问在,不是拘拘焉守著一个心,便可无所不通也。”自家见闻寡陋,少读书求友之功,当识其弊,而急反之。③

　　《困辨录》以道心为性,究未是。朱子明道心原于性命之正,盖心之未远乎性者也,自不得混为一物。④

---

① 仍少圣学实用:学,原作“贤”,据日记本改。
② 于世何补:世,日记本作“此”。
③ 此条据日记本补。
④ 同上。

倭仁日记

治生有道，然后廉耻立而礼义存。[1]

非道非义[2]，一介不与[3]，于学者甚有关系，取固宜严，与亦不容少滥，宽厚为怀，轻财济物，岂不足以维持薄俗，然揆之道义而有不合，伤惠伤廉，人己两失，况因妄与而致妄取，失其本心，往往由此，不可不慎也。

荣辱、得失、恐惧、忿欲口口，总是失其本心，大立则小不能夺，须从本原著力。[4]

千差万错只是不敬，不敬则妄气乘之，以至于妄言妄动，而成一妄人，危哉。[5]

友人劝予迁葬，窃谓迁葬非不得已不敢轻议，岂有泥祸福之见，辄动先人体魄，以趋避之者乎。天道福善祸淫，谨身修德，乃趋吉避凶之方，风水之说乌足信也。其谓术士不

---

① 此条据日记本补。
② 非道非义：摘抄本作"非义非道"。
③ 一介不与：与，日记本作"予"。
④ 此条据日记本补。
⑤ 同上。

可与交,又云处事明则能断,不断由于不明,则教我深矣。①

疑人不肖,人实无之,只自病其心耳。②

恶不仁者,不使不仁者加乎其身,爱身切,故恶不仁深,不使二字,想见严毅果断气象。子细思来,仁为身所固有,听其亡失,不仁身所本无,使之相加,丧心昧良,莫甚于此。小子勉之,勿以其身为藏垢纳污之府也。

程子言,不能祛思虑只是吝,吝故无浩然之气,只一个吝字,便足断送一生。

动心忍性,不必困穷,气质、物欲、习染,处处是动忍实地。

俞子襄来谈学云:"言动过多,视听过少。"予云:"视听非礼,不惟声色,凡不必视而视,不必听而听,皆是。③ 心放

---

① 此条据日记本补。
② 同上。
③ 皆是:此二字据日记本补。

多由于此。"又云:"专务身心,恐枯寂而无用;博通事物,又游骑而无归。"予谓只是一事,即事物推扩身心①,必求有用;为身心穷究事物,何虑无归。又谓轻惰病难治。予谓:"此是通病,亦是大病。朱子曰:知此是病②,即便不如此是药,无他术也。"

按:为学不得其方,因而放弃者多矣。俞子所患二者交失。经先生指示,博约之功相济,适以相成,甚矣,学之不可不亟讲也。百川谨识。

病有精粗③,工夫进一层,病痛细一层。存养密则省察精,克治乃有力,存养为要。

入夜心易收,天阴亦然。尚是随气转移,不能自作主宰。④

宋吕祖俭曰:"遇变有所挫折,失其素履者,固不足言⑤,

① 即事物推扩身心:扩,日记本作"广"。
② 知此是病:知此,日记本作"知如此"。
③ 病有精粗:精粗,日记本作"粗细"。
④ 此条据日记本补。
⑤ 固不足言:足,日记本作"必"。

遇变而意气有所加者,亦私心也。"此见道之言。

《皇极经世内篇》云:"人真知真见为难,真者精之熟^①,精则明,明则诚,诚则为其所为、不为其所不为,如火之热、如水之寒,亦性之而已。"此段发明"明则诚"之旨甚精,诚者性之实理,说知便要知至,说行便要笃行,真是不容一毫假借^②。

至精之理,须以至精之心研之,有一些粗浮便捍格。^③

前以《中庸》言理,《太极图》兼言气,殊不融洽,天下无无气之理,《中庸》言理^④,而气自在其中,朱注补出气字,从《太极图》看出。

近看敬字觉亲切,做得尽,便渣滓浑化,与天觌体。^⑤

---

① 真者精之熟:熟,日记本作"极"。
② 真是不容一毫假借:真,日记本作"直"。
③ 此条据日记本补。
④ 《中庸》言理:理,原作"性",据摘抄本改。
⑤ 此条据日记本补。

虚静是敬,到心无一事时,不可以想像求之。①

象山先生谓:"事父自能孝,事兄自能弟,不必他求,自立而已。"若如所云,则《论语》言人孝出弟矣,何以又要学文。《大学》言正心诚意矣,何以又要格致耶。又云:"学苟知道,六经皆我口脚。"夫六经为圣人传道之书,求道不本六经,是舍规矩而求方圆也,则所谓道者安必其果道耶?此等处,不能无疑。②

学求诸心,自是为泛骛者下针,然必考诸经训,以求其合,证之师友,以衷诸是,始无师心自用之弊③。

覃怀任氏家祭,只详冬至祭始祖之仪,殊缺略。冬至既有始祖之祭,则立春祭先祖、季秋祭祢自不可少,又四时之祭,以寒食、端午、中元、十月朔亦未安,时祭当以四仲月卜日为是,俗节荐时食可也。

---

① 此条据日记本补。
② 同上。
③ 始无师心自用之弊:师,日记本作"私"。

《思辨录》云:"学校之师,惟德是视①,不必定以品级,令郡邑延聘,务极州里之选。"此议必郡邑得人,始可行,不然则又为不肖者开奔竞之路耳。

何子永曰:郡邑得人又有本。

张凤歧视人子犹己子,古道可风。②

遇难处之事,委曲求全,自有个至善之道。因与友人论史及此,天下事只求一个心安理得而已,祸福利害非所计也。

何子永曰:先去祸福利害之私,而后能求理得心安之处,然非平日居敬穷理不能。

告宗荫奋发志气,勿为俗情所困,功名富贵,分定难求,仁义道德,尽人可勉,苟能不愧不作,为宇宙完人,虽布衣亦荣也。

---

① 惟德是视:视,日记本作"亲"。
② 此条据日记本补。

刊落声华,切实为己,以求暗然真际,外面支吾,济得甚事。

岁月莫从闲里过,工夫须向静中求。

读经思圣人制礼之意,爱敬之心油然而生,洒扫、应对即道德、性命之理,原无精粗可分也。

何子永曰:所谓穷神知化,由通于礼乐,尽性至命,必本于孝弟者,可于此得之。

人之所以自立于天地者,以有礼也,有礼则安,无礼则危,当深求而力行之。

程子论穷理云:诵诗读书,考古今、察物情、揆人事,反复研究而思索之,求止于至善,积习既久,则恍然自有该贯处,可知由博返约,不易之矩。彼径约以求道者,皆畏难欲速之见耳[①],鲜不入于异端。

---

① 皆畏难欲速之见耳:耳,据摘抄本补。

岁月难得间,里边工夫须向静中求。①

德不进、业不修,日复一日,年复一年②,将来作何了局③,思之愧愤。

人之所安者,其病有五,曰倾邪,曰放纵,曰偷惰,曰倨慢,曰轻易,自省五者皆有,而偷惰尤甚,欲去五慝④,须痛下主敬工夫。才有涵养意思,言动便觉安帖。

存养则收敛精神在此,道理始有归著处,不然,旋得旋失,终非己物,只一场说话而已。

才有涵养意思,言动便觉安帖。

视物欲如仇敌,对衾影如帝天,竭力勉此,勿蹈自欺。

---

① 此条据摘抄本补。
② "年复一年"四字据摘抄本补。
③ 将来作何了局:了,摘抄本作"结"。
④ 欲去五慝:慝,摘抄本作"患"。

病莫大于心死,戒惧之心稍弛,则人欲肆而天理亡,颜子三月不违仁,是敬心纯至。

朝廷名器,如何做得人情。

要武毅,又要严密,武毅则有难犯之气,严密则无可乘之隙。

程子曰:"心通乎道,然后能辨是非。"前人论史,得失互见,知道诚未易言耳。

人日在热闹场中[①],富贵利达,耳濡目染,其不至陷溺本心者,鲜矣。正学不明,人才衰少,岂一日之故哉。

礼严男女之别,丝毫不容苟且,古人敬以体性,正大之气□□□处养出,可不勉乎。[②]

责儿志不帅气,自省处处中此,责人易、责己难,修身端

---

① 人日在热闹场中:热闹,摘抄本作"闹热"。
② 此条据摘抄本补。

范鼓志气以率之①,庶观感而兴耳。

涵养不定,则妄思、妄言、妄动,无当理者,故古人云,甚事不因忙处错了。

程子曰:汉世之贤良,举而后至,今则求举而自进也。志于科目之美,为进取之资,得则肆、失则沮,肆则悦、沮则悲,不贤不良②,莫加于此。仪封张氏谓,科目之弊,宋时已然③。必如治世举贤良茂才异等,稍通其意而用之,庶可挽士趋而少戢奔竞之风。愚意兴学育才必须从此下手④。

取友之心不诚,即此见学不长进。⑤

一能一艺,须刻苦而精;性命之学,可优游坐获耶。

---

① 修身端范鼓志气以率之:志气,摘抄本作"气志"。
② 不贤不良:良,摘抄本作"贞"。
③ 宋时已然:时,摘抄本作"世"。
④ 愚意兴学育才必须从此下手:学,摘抄本作"贤"。
⑤ 此条据摘抄本补。

已见客气习心,须深察而力克之,气质不变①,算不得学。

学要八字著脚,从当下实地上作察识践履工夫,向外骛名心第一要打扫洁净。

私欲萌动,不搜剔惩创一番,虽暂不行,过时依旧滋长,何益之有。

言非法,行非道,日间不知多少。言满天下无口过,行满天下无怨恶,要从夙夜匪懈做起。

行无可悔最难,不可以质鬼神、对天地,虽具人形,实则禽兽,可不惧乎。

著书家贪多骛博,此外心也,言多行少,是为学大患。

---

① 气质不变:变,摘抄本作"实"。

穿窬不为，不待勉强而后能^①，若种种旧习惯病，俱如穿窬之不勉强而自不为也，则安处善而乐循理矣。

怠玩苟安，由志不立，见理不真。程子曰："人有朝闻夕死之志，则不肯一日安于所不安。"又曰："实见得是实见得，非自不安也。"

欺伪处处有之，真实刻苦，无丝毫躲闪迁就，方能做成个人。

坦然明白，处人处事皆当如此，含胡隐忍最非。

心有偏主，而理随之为重轻，故任心者昧理，执理者贼心，必至之势也。

尽性至命，必本于孝弟；穷神知化，由通于礼乐。学至此，可以为人矣。

---

① 不待勉强而后能：待，据摘抄本补。

心主于敬,无少放纵,然后至虚至灵之中,有以穷夫酬酢万变,而理无不明,盖未有不居敬而能穷理者。

眉批:何子永云:按此条即所以口心口偏主之失。

自私用智四字,包括古来多少人物,非纯理无欲,不能免此。

一昏忽便驰去,常惺惺地方好。薛文清云:"万起万灭之私,当一切斩除,以全吾湛然之性。"每思此语,便觉懔然。

交游宜慎,不止比匪为伤,即一种不长不短、随俗浮沉朋友,日与渐濡,亦足损人高明之志。

吴竹如曰:读此令人悚然。

陆宣公劝德宗推诚改过,曰:"诚信之道,不可斯须去身,圣贤以改过为难,不以无过为贵。"又曰:"谏者多,表我之能好;谏者直,示我之能贤;谏者狂悖,见我之能恕;谏者漏泄,彰我之能从。有一于此,皆为盛德。"诚万世龟鉴也。

凡不可令人闻者,即不可出诸口;不可令人见者,即不可出诸身。

曾子责子夏,正言色若父师之教子弟,而不以为嫌;子夏投杖哑拜,若子弟之受教于父师而不以为辱。责善受言可以为法。

闻人过失,如闻父母之名,耳可得闻,口不可得而言。此言极宜书绅。

读礼至从杀处,辄欲藉口自恕,天性凉薄,于斯可验。

此学无一段救火追亡真精神,决做不就。

一身立天地间,刚毅正大,方是丈夫。

窦蔗泉以学语数条见示,其云:"每动念时,必问此念可对人否,不可对人,便当勇猛克治,不容丝毫放过。"以外吏留意身心如此,盖亦鲜矣。

文信国云:"天地间只一个诚字颠扑不破。"公之正气撑拄乾坤,盖其得力于学者素矣。

于动念时省察克治,自是扼要之法,然静时存养亦必不可少,存养熟,省克愈得力耳。

何子永曰:按先生庚戌冬至日语慎修云:审几是第二层功夫,须以存诚为本。少顷又云:不知存诚,而但事审几,即恻隐之心,亦有时靠不住。慎修未达,先生因举唐元宗与宋王友爱事以证,谓特出于报施之私情,而非自友爱之诚心发出,云云。次日,以先生语质之竹如先生,先生为举程子善恶皆天理之言,谓性非有恶,特发之不当乃为恶,如杀人,出自圣人则非恶,以其当于理也。存诚者,即所睹所闻而戒惧之,以至于不睹不闻,所谓常存敬畏也。初学言存诚,犹恐无著,但言居敬,则诚存矣。盖诚该动静,敬之工夫亦贯动静,几之善恶,亦惟居敬能审之。故朱子于君子修之吉、小人悖之凶下,补出存诚工夫,曰:修之悖之,亦在敬肆之间而已矣。此语指示用功,极为亲切,足以发明此条用力之法也。

吴竹如曰:存养不外一敬字,敬字贯动静[1],固无时不当

---

[1] 敬字贯动静:字,据摘抄本补。

存养,非可专以存养属之静也。此言静时存养,特对动时省克而言耳①,须善会语意。

何子永曰:按存养固为审几之本,然误以存养专属之静,则动中工夫转觉放松,以敬之工夫贯动静,则无时不存养,而省克自严。丙辰八月,先生寄语,以九思、九容做惩窒迁改工夫为诲,可谓实指用力之处矣。勉之。

九思、九容是做敬字工夫下手处,不从此入,则存诚审几皆不得力。

侧隐、羞恶、辞让、是非,岂无发见,但不能察识扩充,以至于时时事事,则秉彝之良等诸电光石火,而不足以存,其何益哉。

柬庞作《人学》,以涵养性情为第一义,一知半解,皆肤末也。谢上蔡三年去一矜字。吕伯恭读躬自厚而薄责于人,气质遂变,虚心逊志,以求日新。愿与足下勉之。

与作人言,须在心髓入微处辨理欲,理微欲亦微,不到

---

① 特对动时省克而言耳:而,据摘抄本补。

遁世不见知而不悔地步,终非足色。

吴竹如曰:暗然之道,为下学立心之始,充之至不知不悔,亦只是诚心为己耳。

何子永曰:按学之正、习之熟、说之深而不已焉,以此终身不可略有间断,此德之所以成也。

不见知而不悔,乃真无欲而为为己之学者。

朋友讲论一番,便觉心境著实,于道理有些亲切意味。

眼前做何事对何人,一日之中,自著衣以至就枕[①],念念不欺,事事不欺,求个无愧无怍,此是脚踏实地工夫。

养孟子至大至刚之气,存曾子如临如履之心。

答刘春熙,此道浮慕者多,实践者少,来示汲汲,以迁善改过而日忧其未能[②],足见志道诚切,未能必求其能奋风雷之勇,无疑无怠,何患不到圣贤地位。

---

① 自著衣以至就枕:枕,摘抄本作"枕衾"。
② 以迁善改过而日忧其未能:以,摘抄本作"于"。

身心性命之相依,始是居敬;表里精粗无不到,始为穷理。

有疑必问,理愈辨乃愈精也,与人讲论,宜虚心相下,不可求胜。

何子永曰:为己则虚心,为人则求胜。

谢子迁云:"临民则居敬而行简,为学则居敬以穷理。"愚谓理在事上穷,临民亦学也,为百姓计身家、谋教养,昕夕以思之,博采以求之,尽父母斯民之心,必使被吾泽者无一物不得其所①,此穷理切近工夫也。岂临民与为学判然两事哉。

人言未喻,及心不然而漫应之②,皆是不诚。

眉批:此等处易于放过。③

为子不诚于事亲,为臣不诚于事君,学在何处。

---

① 　必使被吾泽者无一物不得其所:得,摘抄本作"获"。
② 　及心不然而漫应之:应,摘抄本作"是"。
③ 　此条日记的批语据摘抄本补。

冯少虚先生云：圣贤论心，不外纲常伦理、出处辞受、语默动静，于此件件透彻，处处踏实，才见真心，才是真学。其善利图云①：一念而善即是舜，一念而利即是跖。又云：为善为舜则为人，为利为跖则为禽兽。学者纵可诿之曰我不为舜，亦可诿之曰我不为人哉②！语皆警策。

虚心静虑，勉勉循循，由一时不放，积至于时时不放，庶有自得之期。

心放遂无著，可惜绝好光阴，都从悠忽中过了。

王仲复先生（名建常，陕西人）年近八十，值岁饥馑，或日不举火，中心泰然，未尝启口告人，其所得者深矣。

何子永曰：后一条云，非穷理到极至处，强放下不得，可合看，而知周子见大心泰之语，使学者有入手处。

无必为圣人之志，故学不进。

---

① 其善利图云：云，摘抄本作"说"。
② 亦可诿之曰我不为人哉：哉，摘抄本作"乎"。

二曲先生《悔过自新说》云："一念未纯即是过,当悔而去之,一息稍懈即非新,当起而振之,必求至于无一念之不纯,无一息之偶懈而后已。"二曲之学真切如此。

偶尔无欲,便觉气定神闲。

一涉名言拟议,便是驰思,默识心融方有进。

吴竹如曰:用心向内向外之辨甚严。又曰:心无实得,惟滕口说,固是驰思,然道理有疑,正赖即事讲求,不得轻易放过。若竟以涉于名言拟议为病,恐反不免坠于冥心默悟之弊。

吕泾野先生居京师廿年,服粗衣疏[1],不随人俯仰,不受人馈遗。尝云:去其一切外慕,无所系累,方是实学。先生苦节力行,故人品卓绝,足以廉顽立懦。[2]

---

[1] 服粗衣疏:摘抄本作"饭疏服粗"。
[2] "先生苦节力行"以下,据摘抄本补。

泾野云："民穷财绌[①]，有忧世之心者，莫先于讲学。"此义看得是。盖学者，人才所从出而郅治所由兴也[②]。

真知此道是性分固有、职分当为，自然心肯意肯去做，如穿衣吃饭之一日不可离[③]；若只是意兴支撑，面皮敷衍，终久仍归旧路，不能有所进益。

失礼于人，为人面责，承赐多矣，敢不祗受。

容人所不能容，方见学力，少有芥蒂[④]，即是查滓，亟化之。

杨斛山先生云："好言人过，无疑难含蓄之意，最足丧德。"又云："轻躁鄙倍，及事务琐屑，无益身心，而信口谈论者，皆妄语也。"发人深省。

---

① 民穷财绌：财，摘抄本作"则"。
② 人才所从出而郅治所由兴也：郅，摘抄本作"致"。
③ 如穿衣吃饭之一日不可离：一日不可，摘抄本作"不可一日"。
④ 少有芥蒂：少，原作"小"，据摘抄本改。

意思匆遽，无从容涵咏之乐，日间常有此象。

无欲身轻，虚心体玩始知。

应为之事急急为之，胸中殊觉松快。

读《西铭》有宽厚意，有警惧意。

书友扇：宇宙本宽，只为不自反，便心境逼仄，处处见不是，不能容人，并不能容己，是舍康庄而走荆棘也。天下事岂能尽如我意，躬自厚而薄责于人，不惟远怨，兼可进德。学贵涵养性情，克己有无穷受用处。

说著涵养，当下忽生暴气，行不逮言，如此类者甚多也。

心髓中不洁净，学皆伪也，殊可耻。

义理悦心，犹刍豢悦口，有此意味便佳。

既思即是已发，整庵以程子此言伤重。似是看得发字粗了，伊川所见极精，急宜理会。

几者动之微，昏则不见，日间此处不知放过多少。

只如此虚心游意涵养去，浸润熟透，自有水流花放时。

稍有所见，便将就附会，最是欺。戒之。

何子永曰：无涵养之功，而强探力索以求道者，最易犯此病。

答苏菊村明经，正学不明，世之汩没于词章、沉溺于利禄者无论矣，一二好学之士，抗心希古，往往驰情著述，旁搜远绍，思有所托，以传诸无穷，其襟怀高雅，岂不远胜于营营势利之流，而名心未除，其弊与俗学等，所谓清浊虽殊，利心一也。足下笃实为己，暗然自修，复以余力博极群书，旷观今古，其精神志愿，固将以圣贤自期待，而非侈著述以博声华者比也①。

戒人务名，自己先有个名心在，言易行难如此。

---

① 而非侈著述以博声华者比也：著述，摘抄本作"述作"。

程子云:"只整齐严肃,则心自一一,则自无非僻之干,依此做工夫便是。"高存之、刘念台两先生静坐说,毕竟有安排意思,所谓讲学不可偏,偏则作病是也。

竹如以刘直斋先生《冷语》见示,因言我辈习染既深,非实用居敬穷理之功,不足以日新其德,岁月悠悠,终久仍是故我,嗟何及矣。

学贵知性,《大学》格物,《中庸》明善,其先务也。从心不逾矩,必先知矩是何物,真积力久,方能造到不逾地位。知止而后得止,明善而后诚身,此不易之理也。若徒降伏其心,无论心为活物,不可强制,即制伏得下,亦是无主脑之学,鲜不流于异端。

讲学习气诋毁前人,试问此时之心,是敬是肆,是为己是为人,自忘其身,而漫言卫道,亦不善讲学矣。

佛老之学,已经先儒辟斥,何必哓哓再辨。况后世人心陷溺于富贵利达,比佛老尚低一格,即名为圣贤之学者,试自问,富贵利达之心,能如二氏之一丝不挂耶? 学以当务为急，那有工夫管此闲事。

戒惧以养未发之中，不言太极而太极在是矣。谨独以慎动静之几[1]，不言阴阳而阴阳在是矣。力行以全五常之德，不言五行而五行在是矣。

吴竹如曰：太极通贯动静，无所不在，故曰五行一阴阳[2]，阴阳一太极，太极本无极。若专以未发属之太极，则所谓阴阳五行者，皆若各为一物，而彼此不相管摄矣。此条恐不无语弊。

何子永舍人批《冷语》一条云：耐苦不止是甘贫贱、忍饥寒，平居独处，应事接物，凡日间行止语默，无一刻不要下很力，与己为难，打定了一片至诚，愈耐愈苦，愈苦愈耐。若这里先耐不过，即是小人闲居，以后不可问矣。发人深省。

何子永曰：慎修为此语时，并不知居敬穷理是不格物致知，而遽欲诚意，正阳儒阴释之学。竹如先生所谓，提撕个侂侗影象，与自家这下工夫未有干涉者也。然自辛亥至今，所谓居敬穷理之功，果无一刻不下很力耶？作辍悠忽，又七

① 谨独以慎动静之几：慎，摘抄本作“审”。

② 故曰五行一阴阳：故，摘抄本作“固”。

年矣,愧恨何及。然往不可救,来其可追,即今日誓不为小人之闲居,而甘心耐苦,则亦在我而已,毋使后之视今,又若今之视昔也。勉之。

小事尚且回护,大事如何担当,要从细微处充扩去。

《冷语》云:义利关头,所系甚大,孟子后义先利,不夺不厌。利字夺字相为倚伏,人心邪正、天下治乱所由分。见得是。

真实为己者,不敢多出一语,轻视一人,虚心奋志,惟恐职业不尽,性分有亏。

业师王皞民先生示予云:境遇之来平心顺受,自无拂郁,工夫先难后获,不可计功谋利。

慎言动于妻孥、仆隶之间,检身心于燕私、隐微之地,不如此不足以言学。

心如太虚,七情不可有所放,才放便不虚,操存舍亡,其几只在呼吸。

学有浅深，不可勉强，见地不真，语言便作病痛[1]。

数日以为优游和缓，不知却是浮泛，须从新振作一番。

妄言致悔，从名上起见，此悔犹是习心。

吴竹如曰：从起念处勘出，为己为人之辨，庶不放过。

须常想我是人，不是禽兽，自然奋厉，不为人即为禽兽，自然悚惧。

心静见道理有亲切处，胸怀舒快不可言，理乐欲不乐，于此益信。

读书静一，亦持志养气之一端[2]，苟且欲速，乃持志不定，为气所流耳。处处中此病痛，不止读书也。

利字一关打不过，横塞胸中，性真锢蔽，如何能作个人，

---

① 语言便作病痛：语言，摘抄本作"言语"。
② 亦持志养气之一端：持志养气，摘抄本作"持气养志"。

危哉危哉。

致郭亦梧大令书。中州旱荒①，属其尽心赈恤②，地方官多尽一分心，即多活一人之命③。

矫轻警惰四字最要，轻者气浮，惰者气歉，视听言动非礼，子臣弟友不尽分，正坐此病。矫之警之，要时时刻刻著意。

命字看得破，穷不怕、死不怕，尚有甚放心不下处④，而今瞻前顾后，动多摇夺，只是信命不及，非穷理到极至处，强放下不得，故《通书》曰："见其大则心泰也。"

朱伯韩侍御，居谏垣能尽其职，不合而去，无几微不平之意，盖得讲学之力与。言穷达皆有事，家居讲学，多方诱掖，能成就几个好人出来，便是为天地立心，为生民立命；十室之邑，必有忠信；不患人不感，只患己不诚；居今之世，宁

① 中州旱荒：旱荒，摘抄本作"荒旱"。
② 属其尽心赈恤：恤，摘抄本作"务"。
③ 即多活一人之命：原作"即活许多命"，据摘抄本改。
④ 尚有甚放心不下处：心，据摘抄本补。

失言，勿失人，人即弗听，而此一段肫然挚然与人为善之心，必令充足圆满。

理以辨论而精，学以印证而实，朋友之益大矣。

徇外为人之心[1]，埋伏里面，触著便生，乡原圈子跳不出，终不足以入道。

浅薄形于词色，与不学何异，可愧可恨。

论天下事易，处天下事难，不自度德，随人乱道，可哂也。

因人省己，虽无为恶之迹，犹有为恶之心，况推类以及他事之恶，又往往与人无异耶，反躬自治，勿议论人。

一涉想，便有私在，难得表里洁净。

读《正蒙》，甚爱敦厚虚静四字，工夫做不到，当下有相

---

① 徇外为人之心：心，摘抄本作"根"。

背处。

天人之理，必看得真，能透彻，做得实，无间断，慎勿将就冒认。

朱子曰：学于善恶两夹界处，拦截分晓，不使纤恶间绝善端。体此用力，转瞬即有搀杂，界限分不清，力量制不住，故往往嗟过耳。

理曰天理，可知是本来底；欲曰人欲，可知是后起底。乃本来者，任其消亡，后起者，助之滋长，何弗思耶。

一日十二时，事事从心里过，无此严密。

程子云："天地间只是一个感与应而已，更有何事。"朱子云："《通书》说个几字，尽有警发人处，远则废兴存亡，近则公私邪正，只于此处勘破，便斡转了。"尧舜惟精惟一，颜子克己复礼，正是此事。即程子言中之意，存诚谨几，一时不可离，终身不能尽。

剔抉此心，使之惺惺了了，念头萌动，自然蒙混不得，要用力接续去。

吴竹如曰：此万金良药也，久服之自然有效。

满腔恻隐之心，即天地蔼然生物之心，处处步步，养此生理，所谓常唤令此心不死，则日有进。人心常活，则周流而不滞一隅也，敬而无失，尚有甚物欲习染不剥落耶！

无处非道是已然，何以能处处尽道，此非可以虚见承当，空言搪塞。

"上帝临女，无贰尔心。"有畏天之心，自然严肃，不待防闲，浮情戢矣。

总看得存心应事不融洽，动静打成一片则进矣。

性者万物之一源，非有我所得私，须于一源处实实通彻，有我处实实消融，方不是口头学问。

朱子云志学，志字最有力，要如饥渴之于饮食，才悠悠便是志不立,自问一日中如饥如渴者几时,泄泄沓沓而以蕲有成,难矣。

自家性命,设计恢复;自己病痛,设计祛除。日夜汲汲,惟此而已。

言所当言,要坦然明白,不可含胡隐忍,此心术所关,得失不在言也。

不深造,焉能自得,必须钻进去,用一阵苦工夫。

尽扫俗情,惟求自信,阘冗猥琐,不是丈夫。

心事如青天白日,将隐微不堪告人处一齐搜出,尽行抛弃,何等爽快,何等光明。

凡议论人,子细看来,皆五十步笑百步之类,而今工夫在策躬,不徒在缄口也。

敬不足以持志,由气奔放,无一是处,奈何。

倭文端公遗书卷五　日记（庚戌以后）

郑西徐龙溪先生（名淮阳,河南林县布衣）来访学,愧予不足以当之,听其言论,令人鼓舞奋兴,因录其励同人诗①,以资鞭策。（庚戌三月）

《龙溪日记》有浩然自得之致,与人为善,发于至诚,殊不可及。

敬静不可对举,知行不可偏废,为学径途,不可不慎。（示儿）

星房来,有箴规语,不知命无以为君子,平日要将祸福、

---

① 因录其励同人诗:励,据摘抄本补。

利害、生死心破除净尽,然后可以有为,顾后瞻前,动多畏葸,何以担当艰钜乎。

苏菊村《中州文征》首列商邱宋文康、孟津王文安两人,大为是书之玷。即不以人废言,亦当别录一编,附之卷末,以示节取之义,使人知文以行重,立身大节之断不可失,于世道人心未必无裨益矣①。因答菊村书及之。

日来胸襟开阔,气力增长,大得朋友之力。

为儿辈言,龙溪以望六之年,不远千里,徒步访学,是何等胸襟,是何等力量。汝辈少年,乃不知策励②,好逸恶劳,将来何以自立,勉之戒之。

名心触著便发,试自问实德安在。

有急欲感化人之心③,莫已入计功谋利甲里否?

---

① 于世道人心未必无裨益矣:"裨、矣"二字据摘抄本补。
② 乃不知策励:知,摘抄本作"自"。
③ 有急欲感化人之心:化,据摘抄本补。

龙溪云:"敬己即所以敬人,轻人即所以轻己①。一日之通塞,系乎一心之敬肆。孝字足以挽家运,廉字足以救贫穷。"皆看得好。

读《孝友堂家规》,证出多少亏欠,当以身作范,大家砥砺一番。

每遇亏欠处,便觉刺心,便欲混过,畏难苟安之积习,竟依然故我乎②? 殊堪痛恨。

龙溪面规予居忧之失云:维持风化,责在我辈,豪杰举动,迥异寻常,岂可徇俗习非,负大疚乎! 且讲学之谓何矣? 敬佩之,安得有此直谅之友,以攻吾过也。

志立气口迁善改过全口口一点志心。③

---

① 轻人即所以轻己:即,摘抄本作"实"。
② 竟依然故我乎:乎,据摘抄本补。
③ 此条据摘抄本补。

闻人述忠孝节廉事①，不禁欢欣鼓舞，一涉富贵利达，则格格不能入耳。

高恒溪世兄患独学无友，予云："只要立起必为圣人之志②，诚心所孚，必有感动信从者，固可藉为夹辅之资，毁谤者亦可取为磨厉之助。无处非学，即无人非友，德必有邻，患不学，不患无友也。"又云："学问得力于友朋者最速，得力于境地者最实。然涵养此心，优游厌饫，又不如收效于《诗》《书》者最深且固。"又云："学要踏实做去，不可悬空探索，只问独知处欺慊如何，日间欺者几事，慊者几事，容不得一毫包谩假借。"

每论学至快心处，真觉乐而忘疲。

任葇生学博来访龙溪，予问闱艺。葇生云："对龙溪谈科名，岂不汗颜。"闻之觍然，愧俗心之未化③。

---

①　闻人述忠孝节廉事：日记作"闻忠孝节廉"。
②　只要立起必为圣人之志：起，据摘抄本补。
③　愧俗心之未化：化，摘抄本作"忘"。

慎言之戒屡矣，而犹有妄发，何改过不勇如是。

每于人不见处，便有放宽意思，穿逾之心最足败德，必痛惩之①。

是己非人，心坎中不愿受过，不自省克，将为小人之归矣，危哉！

龙溪偏重存心，予言居敬穷理不可偏废。程子涵养须用敬，进学则在致知。朱子非存心无以致知，而存心者又不可以不致知。古人垂训甚明，学当救其所偏，乃有进。

胸中才有自满之意，口中便出自满之言，面上便带自觉之色，此有道之所耻也。见得大时，宇宙无可满之事，吾分无能满之时。《呻吟语》此条甚对今日病痛，念之。

西山以汉唐之君不能端本善则，故致治不如三代。至论也。

---

① 必痛惩之：惩，摘抄本作"戒"。

伊尹告太甲曰："德惟一，动罔不吉；德二三，动罔不凶。"又曰："终始惟一，时乃日新。"又曰："德无常师，主善为师，善无常主，协于克一。"圣贤粹语，玩味无穷。自己择善不精，执德不固，宜其多尤悔也。

凡事皆有个极至之理，推穷到脱落融释处，便觉畅然。

竹如来，极论致知为急，存心不致知，恐所存之心只是个优侗底影子，遇事依旧差错。又言陆王之弊，谨守者含胡模棱①，高明者猖狂纵恣，所造愈深，受害愈甚。可谓深切之言。

竹如云："格君之非，必先自格其非；责君以善，尤当自勉于善。"闻之惕然。前以修养身心之道告吾君矣。试自问修养何如②，稍有愧怍，欺君之罪尚可逭乎？

圣人取狂狷，恶乡原。担当世道，还是有性气人足以有

① 谨守者含胡模棱：模，原作"摸"，据摘抄本改。
② 试自问修养何如：何如，摘抄本作"如何"。

为。同流合污，无非无刺，败坏天下全是此辈。世俗喜同恶异①，泛泛悠悠之口，乌足论定天下士哉。

为儿言存诚谨几之道。《中庸》洋洋乎如在其上，如在其左右，天与人通，此实理活泼泼地，会得时，只在目前，并无元妙。本体只此，工夫只此，终身不能尽，一时不可离。勉之勉之。

说道理至亲切处，便觉心境恬愉，不可言语形容。然必实有诸己，方为至乐，虚见靠不得。

善端发见，为私欲锢蔽，不得出头，此志士所耻也，须用力扩充去。

坐思横逆之来必有其故，近日遇事每多急切，无含容忠厚之意。且急切多从财物起见，心与物敌，故物与我敌，以戾召戾，理固然也。既知其病，便当随手下药，无负上天一番磨炼。

---

① 世俗喜同恶异：世，据摘抄本补。

韩魏公言及小人负己处,辞色益和,是何等涵养。愧死愧死。

吴竹如曰:洪琴溪云:"魏公止无失其常度耳,旁观者极力形容,遂以为辞色益和也。"有然此却甚看得好。

素日讲论道义,一遇事,种种不济,不知讲学谓何?

经一番惩戒,心境便觉宽广和平。

光州文孝廉鹤龄议论开阔①,其云:"人主一心,时以义理浸润则正,言易入而邪说不能淆,且有臣子所不能言,往往见闻感触,因此悟彼,自然迁改者,《诗》《书》之训何可一日离也。"甚有见地。

何子永曰:学者亦然。一日不读书,则此心无可受益处。

答恒溪:学贵鞭辟近里,勇往直前,克己要实克,复礼要

---

① 光州文孝廉鹤龄议论开阔:摘抄本多一"名"字,且"名鹤龄"三字作小字。

实复,方不是口头学问、逐人面皮上工夫。谢上蔡云:"克己于性偏难克处克起。"朱子云:"克己别无巧法,譬如孤军猝遇强敌,惟有舍命向前而已。"皆至言也。我辈今日惟恪守程朱,穷理务极其精,居敬务极其至,穷理则明足以察几,居敬则健足以致决,真积力久,到得一日克复境地,则足下从前所疑,当涣然冰释矣。

慎斋来辞行,与言存诚谨几之功,优游厌饫,此心惟知道味之乐,则学进矣。生死、利害、荣辱,有一毫打不过,便不足色。愿共勉之。

应客浮漫,存诚谨几成口头烂语矣。

读蔡文端讲《洪范》对待之义,甚精。

李霭堂获隽来见,告以进身之始,当立定脚根,功名分定,勿徇俗情请托。

不欺暗室,努力为之。

挨排度日，无奋发求进之意，如何做人。

说著主一，当下便有不一处。

近日困于酬应，笔墨尤多，非事累心，乃心累事，此处正可见学。

真知天之所以与我者无一理之不备，自然忧勤惕厉，孜孜乎恐负上天所赋之理，而无以为人，日间悠忽因循，总是知不真切。

世俗有一种议论最误人，欲为一善，不曰无以处人，则曰恐他事不称①，苟且自恕，终身做一事不成，良可慨已。人之欲善，谁不如我，安见我廉人必贪、我正人必邪乎？凡事只论当下合义与否，苟其当为，岂可以他事之非，并弃此事之是。且人贵自新，何难因此事之是，而尽改他事之非。即不尽改，而有此一善，不犹愈于毫无一善耶？此等道理，总难向同流合污者开口。

---

① 则曰恐他事不称：称，摘抄本作"类"。

一阴一阳之谓道。伊川谓"阴阳，气也，所以阴阳者道"，不如伯子"元来只此是道，在人默而识之"二语，从心领神会中指点出来，自然活相。

吴竹如曰：鄙意，明道之言固是活相，然词气高浑[①]，非真知言者未易领会[②]。如所云，道亦器、器亦道，每为认气为道者所假借，虽以笃实如罗整庵，犹不免误执此条[③]，以证成其理气为一物之辨[④]。若伊川之言，则字字确实，使学者言下晓然，于理气之辨而有所持循，非先明乎伊川之言，亦未有能契于明道之言者。此其立言虽若少异，而理实同归。正吾人所当究心[⑤]，似不容有所轩轻于其间也。谨记以俟质。

道无物不有，无时不然，学者当无须臾毫忽之不谨，而周防之，以全其本然之体，莫见莫显。又当随其念之方萌，而致察焉，以谨其善恶之几。

何子永曰：读此条，可见无物、无时非道，而体察践履之

---

① 然词气高浑：摘抄本作"然辞气融浑"。
② 非真知言者未易领会：易，摘抄本作"见"。
③ 犹不免误执此条：条，摘抄本作"言"。
④ 以证成其理气为一物之辨：辨，摘抄本作"论"。
⑤ 正吾人所当究心：正，据摘抄本补。

功,首在理气之辨也。

以二条合看,知先生工夫时时不同而日进处。

慈亲弃养八阅月矣,居敬养乐悔已追,所云丧则致哀、祭则致口者,此身问乎,呜呼痛哉。

大事小事,都少此诚字不得,其推不去者,总是发端处先伪也。

何子永曰:诚固无伪,尤在无妄,无伪之功,惟无妄乃可入。

圣人以天自处,学者亦当存此意思在胸中。

朱子云:"私意未尽,则拟议之间,忽已堕于过与不及之偏①,而不自知。"又云:"学者厌故喜新,质薄气弱。"皆切中病痛。

讲吾与回言终日章,颜子传圣人之蕴,教万世无穷,圣

_____

① 忽已堕于过与不及之偏:与,据摘抄本补。

人举颜子示人，教万世亦无穷。不违如愚，圣贤心心相印处，正好从此参入，足发力量，全从如愚中养出。我辈日诵圣人之言，足发者何事，不能发者何故。舜何人也，予何人也，有为者亦若是。颜子立志学舜如此，我辈今日学颜子，亦须立起此志来，猛勇奋发，沉潜纯粹，每诵一言，拳拳勿失，必求如颜子之足发而后已，庶不负圣人一番教告苦心耳。

天下事岂能尽如我意，为所当为，不可必者听之而已，愤激何为。

唐元宗笃于兄弟，以宋王成器让己，尤友爱之，谗间不能入。范华阳谓其能充是心，则仁不可胜用，理固然矣。愚以为，元宗是心特出于报施之俗情，（何子永云：所谓妄也。）而非根于友爱之至性，至性能推，俗情不能推，无本故也。天下岂有天性敦笃之人，而弃妻杀子者哉。

车中思诚意章，一则诚，才有两个心，便是自欺，默验一时中放心屡屡，非不诚而何，大抵天下事实做皆难也，然不实做何益。

明知善当为,而有不欲为之意间之;明知恶当去,而有不欲去之意挠之。或勉强为善,而始勤终怠,善之为者无几;勉强去恶,而情多瞻顾,恶之去者亦无几。数语皆自道生平也。欲格君心,非自正其心不可。

武侯云:"鞠躬尽瘁,死而后已。成败利钝,非所逆睹。"即孔子知其不可而为之之意。忠即仁也,若逆料其无济而不为,不仁孰甚焉。

欲为一事时,杂利害之私,(何子永云:所谓妄也。)真自欺也。

《困知记》云:意有偏重,便常有一物横在胸中,未免碍却正当道理。《困学录》云:心系于一偏,不必应事时始差,即其所系便是不得其正。皆看得细。

轻人之懦,旋自蹈之,且生缘饰之心,私情巧曲,尚逊人之直言无隐也,噫!

客以黄石公《素书》见示,其中亦有格言可采处,惟少头脑耳。如神莫神于至诚,乐莫乐于好善,吉莫吉于知足,苦莫苦于多愿,病莫病于无恒,短莫短于苟得,幽莫幽于贪鄙,孤莫孤于自恃。皆可味也。

劝人不听,心窃轻之。安知其终不听,又安知不听非别有所谓耶。心境逼窄可笑。

有壁立千仞气象,令人不敢干以私,方见力量。

欲陈善而先自蹈于邪,欺孰甚焉。无屋漏工夫,做不出宇宙事业,此《大学》所以重慎独也。

作事须斩钉截铁,了了分明,游移含胡,终遗后悔。

何子永曰:此条不可以意气之见看,须认真做明足以烛理、理足以胜私、气足以配道义工夫。

人君以致知为本,克己为先,然非主敬存诚,则知无由致而己亦无由克,帝王与儒士无二功也。

心乎为国,性命身家皆当付之度外,况小利害乎,稍有触动,即是查滓不清、本领不济。

程纯公上殿札子谓:在君志先定,此第一义,君志定,然后有治功可言。

真西山先生谓:佛氏以天伦为假合,梁武崇信其教,故臣不君其君,子不父其父,风俗沦胥,伦常扫地,大抵信佛愈深,得祸愈烈,职是故耳。

读汤睢州毁淫祠一疏,想见其不愧屋漏之功,非理足气充,不能袭而取之也。

朱子云:"人之气与天地之气相接无间断,人自不见,人心才动,便达于气[1],便与此屈伸往来者相感通。"此段消息甚微,非瞬存息养不足以知之。

经一番阅历,长一番学识。然非良友箴规,知之不真、

---

[1] 便达于气:便,摘抄本作"必"。

改之不力也，质地柔脆，必大加磨炼，庶有进耳。

皋陶九德，宽而栗、柔而立、扰而毅、简而廉四语，尤为予对证之剂。

为儿辈讲孙文定奏疏一篇，因言义利之辨、朋友之益，知饿死事小、廉耻事大，则义重而利轻矣。知药石利病，忠言利行，则益来而损去矣。

何子永云：能重义轻利，始能受益。

观前代党祸，令人深世道之忧，邪正不辨，则恶朋党之人，即用朋党之人，何则？其心不明，先入于党故也，格致诚正洵不可一日缓矣。

为儿辈讲危微精一之旨。孔子博文约礼，《大学》格致诚正，《中庸》择善固执，《孟子》知言、集义，程子居敬穷理，名虽不同，其学一也。

讲朝闻夕可之旨，圣贤孜孜求道，如渴如饥，惟恐虚生浪死，无以为人也。我辈为人之志不切，视道若可求、若不必求,隐隐中有个怕死心盘根作梗,无怪圣日圣、愚日愚矣。而今奋发立志,一言一行必衷诸道,庶不负天地父母生我一场。勉之勉之。

敬心贯注,则无喜动喜静之偏。

汤文正云:"遇事拂乱,作主不定,总是集义功疏。应事接物以至暗室屋漏,一念不合于义,则此心不能快足而气馁矣。"先生遇盘错、处患难,当几立断,气定神闲,岂非慎独之力与?

少年发愤读书,第一要破除利心。生于忧患,死于安乐,古来圣贤豪杰皆从穷困中磨炼出来,越穷越是好消息。人一忧贫,万事瓦裂,终身之成就可知矣。(语某世兄)

月川语:"天理本无隐显内外,要当时时省察,了然于心目之间,而不使有须臾之离,以流于人欲而陷于禽兽之域。""理无定在,惟勤则常存;心本活物,惟勤则不死。"二条最警。

晚过丹畦，由中而发，语多警切，为己始能克己，立志真则用力勇矣。

汉文学对策云："治人之道，抑末利而开仁义，然后礼化可兴，风俗可移。"传曰：诸侯好利则大夫鄙，大夫鄙则庶人盗，是开利孔为民梯罪也。唐陆贽亦云：圣人立教，贱货而尊让，远利而尚廉，惧贿之中于人心，伤风教而乱邦家也。发明《孟子》义利之旨，足为千秋金鉴。

窦柘城谓《大学》不言性，心即性也；《中庸》不言心，性即心也。于心未安。妄拟：《大学》不言性，明德、新民、止至善，无非性也；《中庸》不言心，戒惧慎独、经伦参赞，无非心也。存以俟质。

一友患诚实难行。予云：只一味诚实，不管难行与否，断无行不去之理。诚能动物，患不诚，不患不行也。又告以存好心、行好事、作好人，正气不可无，闲气不可有。因其喜闻正言，遂畅言之，远胜于对世故之人，语多避忌也。

近日似有日强之意，然安肆仍多，必无一事一时不敬，始有进德之基。

读程子《定性书》,横渠强制其心,厌绝外物,程子以自私用智箴之,可谓洞见症结。大公顺应,内外两忘,真圣学也。

为儿辨学术,当恪守程朱,以外皆旁蹊小径,不可学也。

行有不得,反求诸己,己实不德,人则何罪,自修焉可也。

存好心、行好事,此是大便宜事,身外之物,直烟云过眼耳。

讲《定性书》,愈讲愈觉亲切,四通八达,触处洞然,然须实有诸己,乃为至乐。

凡事发端处不诚,总有破绽可议,天道人事一诚而已矣,可不务哉。

臣子之道，只求自尽其心，其他无足介意。喜吾弟有此见地，惟尽心殊不易言，扪心正多愧怍耳。

客以儿考事劝予请讬，谩应之。噫！信命久矣，所学为何，而作此举动乎。谢上蔡云："我自有命，彼安能陶铸我，信得及，便养得气不挫折。"此段实获我心。

以上蔡语示咸儿，告以凡事自有命定，得失荣辱，在品学上争，不在名利上争，争品学有得无失、有荣无辱，争名利虽得亦失、虽荣亦辱。

汉王吉谏昌邑王贺曰："广厦之下，细旃之上，明师在前，劝诵在后，上论唐虞之际，下及殷周之盛，考仁圣之风，习治国之道，欣欣焉发愤忘食，日新厥德，其乐岂直衔橛之间哉。"论学问优游之道，可谓切至矣。

与小云（副宪文瑞）论自处之道，揆时度势，将来总有抽簪一著，拼著冻馁，尚有甚事打不破处。经一番挫折，长一番气力，改节固不可，愤嫉亦不必，平心静气，努力前修，其他付之天命可也。

为己为亲是一件事,此理信不及,便生出多少枝节。

吴竹如曰:此理须真能信得及,方能自拔。世之藉口为亲,以致丧身辱亲者有矣,噫!

问:"家贫亲老,应举求仕,不免有得失之累,何修可以免此?"伊川先生曰:"此只是志不胜气,若志胜,自无此累。"家贫亲老,须用禄仕,然得之不得为有命,曰在己固可为亲,奈何曰为己为亲也只是一事,若不得,其如命何。孔子曰:"不知命,无以为君子。"苟不知命,见患难必避,遇得丧必动,见利必趋,其何以为君子。

读《仁说》。仁,人心也,不仁则本心已失,虽具人形,已无人理。此孔门谆谆教人求仁,而古来圣贤所以戒谨恐惧,不敢终食违也。

不尽其才,甚事不是如此。五常五伦各无不足之理,只为不尽心,良知良能日渐剥蚀,遂事事尽成缺陷。昔人所云:负了在天底,亏了在我底。可惜可叹,而今既要做人,便当竭尽心力,务将伦常道理,色色补足,以求仰不愧天、俯不作人而后快。此日不再,得此身良足珍。勉之勉之。

说唐史，言开元天宝之治乱，由于宰相之贤否，置相之得失，由于君心之敬肆。格侄能见及此，可喜也。

人生数十年中，日月争光，草木同腐，惟人自命，趁此少壮精神，宽闲岁月，正好奋发有为，读书砥行，求为天地间不可磨灭之人，断不可苟且浮沉，负此七尺。心不善则利，人不舜则跖，天下无中立之途，可任人优游以自便也。（语心泉太史）

秀才便患得失，异日何以立功业，人才不振，只是根子上先坏了。

车中思程子"动以天则无妄，动以人欲则妄"二语，默自体验，于隐微动处判别天人。

省出多少作伪处，非从心髓中搜剔廓清，终为小人之归。

《文昌帝君阴骘文》，不知何人所作，其言半杂于异端之说，儒者弗道，顾世人多信好之，陋已。盖自正学不明，人心陷溺，语以希圣希贤，[①]谦让未遑，而乃择一庸谨自便之途，姁姁孑孑，以苟趋时好，以为我虽不能以作圣，尚不至于为狂，苟如是，是亦足矣。呜呼，此世道之所以日衰，而圣贤之学绝响于天下也。稼亭诚有志为人，孔孟程朱遗书具在，讲求践履，蕲至圣域不难，以视此之猥琐浅陋为何如耶。书曰：不作无益害有益，功乃成。稼亭勉之，祛浮华而崇实学，尚其审端用力哉。（跋孙福清摹印《阴骘文》。）

天下未尝无人，待朝廷大气转移之，大气谓何？诚而已矣。

兰泉来谈学，有心心相印之趣。兰泉苦思多，愚意理无定在，随知随行，欲无定形，随觉随去，总之，随时变易以处中而已。若悬空拟议以求无弊，则必思多致疑，慎过成怯，穷理而卒堕理之障，防欲而反入欲之丛。[②] 兰泉深然之，予患心粗，当思不思与不必思而思，其失一也。

---

① 希圣希贤：摘抄本作"希贤希圣"。
② 防欲而反入欲之丛：丛，摘抄本作"窟"。

范淳甫论听政一疏，防患未形，[1]如见后来绍述之祸，自古忠言谠论，往往不用于时，而徒传于后。可慨也。[2]

汤文正云："非默识仁体，诚敬存之，绵绵密密，不贰不息，前圣心传何以会通无间。"读此知自己全是虚浮，何尝有此诚切。

胡敬斋先生云："无内外工夫尚可能，无将迎，非心性已定、无一毫牵引之私不能。"窃疑无内外，大公也，无将迎，顺应也，内外将迎，自私用智也，功无二功，病则俱病，若有牵引之私，不能无将迎，即不能无内外，二者似无浅深难易可分。录以待质。

看《近思录》注，载高忠宪公语，疑之。如云"天然一念，现前能为万变主宰，此先立乎其大者"，似不如程子以知性善忠信为本为立乎其大，主脑分明，工夫切当。又云："默坐时，此心澄然无事，乃所谓天理。"又言："人心无一物时，乃

---

① 防患未形：患，摘抄本作"祸"。
② 可慨也：慨，摘抄本作"叹"。

是仁义礼乐。[1]"皆心即理也之旨。忠宪之学不出姚江藩篱，故往往认心为性，至复七规，则尤近禅宗矣。

吴竹如曰：剖析精微，足征所得者深。

心有所著，便不虚。

何子永曰：重处发，熟处难忘。

仁必兼义而后尽，不义即不仁也。

吴竹如曰：礼智信皆然。

丹畦云：从人分上起见，省察克治都是为人，自省心髓中沾泥带水，不能上达，只是苟且为人耳，绝此而后可以入道。

读南轩《孟子序》，辨义利，当立志以为先，居敬以为本，指示入手工夫，极为切要，推究于王伯之分，天下古今之所以治乱，大声疾呼，绝大识议。

---

[1]　乃是仁义礼乐：乐，摘抄本作"智信"。

心存思圣贤之言，句句有味，其乐不可以语言形容。

事心之学在萌上著力，然每每蹉过，及觉已展转矣，须牢守关津，不容一人混过，方严密。

程子云："天人本无二，不必言合，非知道者不能为此言。"整庵谓："人呼吸之气，即天地之气，自形体而观，若有内外之分，其实一气之往来耳。"与朱子所云"人之气与天地之气相接无间断，人心才动，便达于气，便与这屈伸往来者相感通"一段参看。

朱子又云："此身只是个躯壳，内外无非天地阴阳之气。"整庵所见，似即此义。

读书穷理，少一段涵咏工夫，故随得随失，而不足以存之。

真文忠公云："情之横决，逸于骤驷，敬则其衔辔也；气之放纵，甚于溃川，敬则其堤防也。"说得好。不敬则心放，大本已失，更无学可言。

学则理明心正,邪说乌足以惑之。

静坐往往流入异端。昔人言敬不言静,防患之意微矣。

整庵谓:"吉凶悔吝,多是就感通处说,须知此心虽寂然不动,其冲和之气自为感应者,未始有须臾之停,故所云停停当当、直上直下之正理,自不容有一息之间。此则天之所命,而人物之所以为性者也。"所见甚精。

敬轩云:"鸢飞鱼跃,是道理无一毫亏缺处;逝者如斯,不舍昼夜,是道理无一息间断处。"又云:"不可将身外地面作虚空看,盖心内之理与身外之理浑合无间也,是以理言,而气在其中。"朱子云:"人身内外,无非天地之气。"整庵云:"形体内外,实一气之往来,是以气言,而理在其中。"晚与丹畦畅论其旨,不觉水乳之交融也。

于得意时,谨防流溢。

何子永曰:于前一条下,即接此条,可知工夫中亦有得意流溢之弊,真省察之要。

将作人道理做一场话,说过不复深究实践,此自欺之大者。

坚忍刻苦,自审不能,财色两关打得过,方有事业可做。

变诈自以为智,而不知其愚,自以为巧,而不知其拙,可哀也已。

庄周有道在稊稗、蝼蚁、瓦砾之言。敬轩取以证道无不在。愚意庄生所谓道,非吾儒所谓道,吾儒见道,弥切体察践履之功;异学见道,愈滋猖狂放恣之习。其源既分,其流甚远,正未可相提并论。

吴竹如曰:读此,知学者虽有所见,非从体察践履得来,道理终不为我有,立言即不能无弊。

破除瞻徇,力振柔懦。

光阴荏苒,瞬又半年,试问所进何德,所修何业,真不堪以扪心。

正己无求分也,有何希罕,而自鸣得意乎,浅亦甚矣。

瞬存息养最要,存养不密,而能无尤悔者,鲜矣。

道理经程朱阐发,已无遗蕴,后人厌故喜新,于前人道理外更立一帜,此朱子所谓硬自立说,误一己而为害将来者也,可为深戒。

程子云:"性即理也。"姚江云:"心即理也。"学术是非全从此处分手。

以不分同异为大,流弊不可胜言。

劝人不详尽是心不诚,大抵事出强为罕尽分者。

雨霁新秋,蝉声满树,天清气爽,日月宽闲,诵先哲之微言,求身心之妙理,亦人生不可多得之境也。

谢上蔡记史,程子讥其玩物,上蔡面发赤。程子曰:"此即恻隐之心。"夫上蔡闻丧志之言，爽然自失，是是非之心；踧踖不安，是辞让之心；颜色赧然，是羞恶之心。程子顾以为恻隐者何哉？盖羞恶、辞让、是非，皆从恻隐生出，所谓仁贯四端，义礼智信皆仁也。知此可以观心之全德矣。

恒溪言《大学》新民当作亲，愚意读书当于身心上求实用，不在字句上生枝节。我辈虽无治民之责，妻孥仆隶皆民也，我自明其德，使家人各明其德，此即当前实境，为学实功，不然，言新言亲，即分析得是，亦与己不相干。况前人定论，功令遵行，何必重翻旧案立异说乎。

吴竹如曰：新民兼教养，亲之之意，自在其中，作亲字，则有养而无教矣。

存心处事直而已矣，不可藏藏躲躲。

惰字深入骨髓，作辍因循，如何长进，须大加淬厉一番。

"瞬存息养，勉勉循循"八字，至要至要。

实理无隐显之间，己所独知之地，即其视其指之地，知此不由人不战兢。

诚能动物，即此见物我同源。"大哉乾元，万物资始"，诚之源也；"乾道变化，各正性命"，诚斯立焉。盖皆从一本中来，实气实理浑合无间，所以感之即应，不疾而速也。

答恒溪云：来示诚意乃养性之旨，好恶从性善说起。窃意诚意与养性不同，养性是涵咏义理，从容厌饫工夫，所谓静以养未发之中也。诚意则于心之发处用力，好善如好好色，恶恶如恶恶臭，务决去、求必得，是一刀两断猛勇工夫。二者似不相涉。好恶虽从性出，然却是情不是性。且此章本无性善之意，何须添出，所云掩著指视，皆发明诚之不可掩，亦即是性善合外内之道，与《大学》本旨不合，反将此章吃紧为人之意说宽矣①。又云：提醒性真，使知行合一，非徒以屏除恶意为诚意。前二语，认心为性，仍蹈姚江故辙，言提醒此心可矣，不可言提醒性真也。性岂有真伪乎？意与念异，念有善恶，意则好善而恶恶者也，故曰诚其意，意恶则诚字解不去矣。又云：正心章，忿懥、好乐等项是不好字，正

① 反将此章吃紧为人之意说宽矣：摘抄本无"之"字，"宽"后有"阔"字。

须扫除廓清,以复心之本体。夫忿懥四者,乃心之用,如何除得,圣贤之学,岂若释氏扫空一切,使心如枯木死灰耶?且朱注明言人不能无,何为立异求新与前贤牴牾耶。至所引《孟子》可欲之谓善数句,与诚意正心殊觉强合。艮止光明,尤非充实光辉之谓。细绎各条,总缘良知之说先入为主,不肯虚心玩索经文及朱注、《或问》诸说,偶有所见,硬自立论,故往往迁就附会,不顾理之所安。即此可见一心之不足恃,而格物致知之功不可缺也。

审几不得力,隔靴搔痒。

虚心求益,不可有一毫矜心。

覃怀王翁善事兄,兄患风痹,翁扶掖奉持,昼夜与俱,兄弟共食,相对欢笑,天性何其笃也。温公爱兄不得专美于前矣。

为家人说忠义事,皆喜听之,性善故也。

道无隐显内外之间,三千三百,无一物之非仁,出王游衍,无一物之不体天道,人事一诚而已矣。

自问诚之一字,那一件做得到? 不诚则虚生虚死,何以为人耶? 看古来圣贤豪杰,那一个不是朴实头,不琢不雕汉子。

见事未明,妄发议论,及道听涂说,学人言语,均当痛戒。

读《岳阳楼记》,先忧后乐,想见仁人之心;读《谏院题名》,直曲忠奸,懔然清议可畏;①《袁州学记》,揭出忠孝大伦,知为学之有本;《伶官传论》,指明祸患根源②,见溺情之宜克。皆有关系之文。

事到面前,审可否、辨是非应之,不可生厌恶心。

不厌物,即逐物;诚敬存心,物来顺应,不能也。

读《陇冈阡表》,不禁生痛。先父弃养时,不孝兄弟皆幼

---

① 懔然清议可畏:懔,摘抄本作"凛"。

② 指明祸患根源:明,据摘抄本补。

稚,赖吾母抚育,以至成立,今又为无母之人矣。风木徒悲,
杯棬增痛,罔极莫报,此恨何穷。

恒溪以好恶在存主处说,疑朱注"意者,心之所发"一
言。刘蕺山曾持此论,曰:"心有主,是曰意。"夫意既为好善
恶恶之意,其为感物而动明矣,又何疑于朱子之言乎。后儒
好在字义上生枝添叶,其实与圣贤为学道理无干,殊无
谓也。

吴竹如曰:此由所见处有病故也。

程子云:"学者当学颜子,与圣人为近。"颜子沉潜纯一,
如非礼勿视听言动,得一善服膺弗失,是在身心上做切实践
履工夫,此即是有依据、可用力处。学颜子之所学,须从一
敬参入。

实理中自有缓急,不容迫切,为学如是,论事亦如是。

俞子襄读学长赞督学中州①,以《小学》课士人,以河南

---

① 俞子襄读学长赞督学中州:摘抄本作:"子襄(俞读学,名赞)督学中州"。

第一官称之,可谓贤矣。人性皆善,均可通道,况伊洛渊源,流风未泯,登高提倡,必有崛然而兴者,在司教者之实心大力耳。于事总有见小之意,习心难化如此。

观李克论相,知古人置相重在举贤。以臣为友,战国时尚有之,文侯诚贤王哉。

父母存,不许友以死,决非圣人之言。聂政之事,《纲目》以盗书之,得其正矣。

责人近刻,悔之,后因人言,知恶恶不可不严,去恶不可稍纵,此悔未免徇情甚矣。此心不可全恃,而穷理之功未易言也。①

因人省己,便有所益。

文小云副宪抗直敢言,不愧台谏。予爱之敬之,欲进以学,未得其间。②

————————

① 摘抄本此处有"以下补遗"四字。
② 此条据摘抄本补。

有几微不愿受过心,便是自暴自弃,而诞诞之声音颜色,且将拒人矣,危哉危哉。

涂郎轩来辞行,识议绝人,可敬也。嗟乎,正学不明,人心痼蔽,安得呼人人而使之觉乎。

不求自信,乃看人面孔以为欣戚,劳亦甚矣。[①]

吴雨生比部德溆来告以末俗易高,殊可畏。世俗有一等老成练达,阅历弥深、趋避弥巧,谨言慎行,皆以佐其浮沉,友朋奉作典型,后学资其表率,自误误人,关系世道不小,此可以为戒,而断断不可学者也。

吴竹如曰:学术不明,人心蔽锢,积习相沿,遂自朝廷以及草野,酿成一乡原世界,安得此振聋发聩之论,呼人人使之觉乎。此非一二人之力所能转移,是不得不有望于学校之振兴也[②]。

---

① 此条据摘抄本补。
② 是不得不有望于学校之振兴也:学,据摘抄本补。

以夏峰语示儿,为分晰言之,[①]先生魄力大而失之疏,意欲合同而化,往往陷于一偏而不自觉,读其书可以见矣。

吴竹如曰:论甚平允。

丹畦谓,天大事,以日用饮食处之。甚有见。

丹畦来,多及时事,空谈无济,何如商量学术、切磋身心之有益也。

吴竹如曰:我辈聚谈易犯此弊,盖感激潜生,遂忘出位耳。

人有欲,故邪说足以惑之,观古证今,明理正心为要。

自省所学,仍是支饰,并未钻进道理中安身立命也。

吴竹如曰:读此,知人未能在道理中安身立命,其学皆支饰也。

出话宜慎,笔墨尤不可轻。

---

① 为分晰言之:晰,摘抄本作"析"。

后人以姚江为有用之道学，此功利之见也。诡遇获禽而以为良工，何以异是。

吴竹如曰：后世功利中于人心，告以圣贤行一不义、杀一不辜而得天下不为之言，鲜有信得及者，故不能将枉尺直寻之见破除净尽，何足与言事功。

竹如来，以作事不密见责，云："临大事，宜出之以诚，处之以慎，智浅术疏，其何能济。"又云："计功谋利之心丝毫不可存。"非良友不闻此言，敬佩而力行之。

事既无可如何，深思痛省，以戒将来可也，若悔之不已，利害之私胜，刚大之气桡矣。

过鹤田家，自述所学不济，大家砥砺，痛下工夫，以求上不负君，下不负己。

客撰联语云：君子道厚，居室正尊卑、严内外、敦敬让、崇俭勤，不外造端夫妇；家人谊重，反身戒忿欲、慎威仪、饬言行、节好恶，庶几垂范儿孙。绝好格言。

吴竹如曰：此予戊申移居所撰内室联语，不知先生何由闻之。惟出语作"祗造端夫妇"，对语作"戒忿欲、饬言行、慎威仪、节好恶，庶式谷儿孙"，与此所记微有不同。

睡醒时便著在闲事，转念始及义理，主客之势显然。

对妻子与对朋友，意境迥别，欺伪莫甚于此。

欲寡身轻，自然和乐。

凡事有命，即今之不求而得，可知求之无益于得矣。以后守此涂辙，尽人听天可也。君子居易，不能于命上灭一分；小人行险，不能于命上增一分。信及此，何须扰扰。（示儿）

廉耻不可不立，撑天挂地，全凭此一副不徇俗情、不怕穷饿力量，一失足成千古恨，可不慎哉。

虚声可耻，然藉此自策，未始非益。

遇多言人,静默待之。

按:此为徇外为人者痛下针砭。百川谨识。

以文质人,自炫意多,求益意少。

待客丰于祀先,悖礼之甚。

夜梦气暴,根伏于昼,虽强制于一时,而仍发于梦寐不及持之地,存养功疏,于此可验。

思程子语奋厉,做第一等人,为第一等事,勿苟且自足也。

气戾便召拂,感召甚微而速,可不敬乎。凡事皆由自取,责人心一些不可有也。

恒宜亭少寇言,新疆戍兵当改眷兵,彼有室家系属,既省更番供应之费,又可免见贼逃溃之虞。复言钱法变通之利。事似可行,存以备参。

作伪之习，对真挚人自化。

喜谀是隐微痼疾，器小易盈，可耻孰甚。

闻李强斋兄为曾涤生侍郎保荐，心甚喜。为朝廷计得一君子，为自己计得时时就正良朋也。

读《居业录》，所言兴贤育才，重农务本，养兵诸大端，皆因时事而裁以天理，均可见诸施行，上有圣君，下有贤相，当举而措之耳。

《龙溪日录》推许太过，既愧且惧。岂先生好而不知其恶耶？抑予掩著术工，无可指摘耶？当益加勉励，无负良友厚期。

见一通家，为言教学之益，艰难足以炼气骨、长学识，因思稍益于人，正不必避交浅之嫌也。

晚与龙溪论地方一事，以度德量力，不必多管阻之，岂予拘泥鲜通，所见不大耶，容再思焉。

每闻誉言，口中自谦，实有满意，可谓小丈夫矣。

龙溪谓予宽厚，宜进以刚果严毅。予深知其病，而不知戒，奈何，岂气质不可变化哉，抑学问不足、义理生而习染熟耳。

记课敷衍，少信心处。

看敬楷先生答兰泉书，谓慎独是戒欺，致曲是求慊。殊不解，窃疑于理未融。

为儿说时贤数事，以扩其识，以壮其胆，生死利害关不破，而能有为者，鲜矣。

为人写寿言，不愿贡谀，录格言一则赠之，亦有图省事意，名心亦不免。

何子永曰：凡此拖泥带水者，所当推类以自检察者也。

食后皆会客时，所接为一时之贤，所言皆当务之事，此日可谓盛会。

　　身病由于心病,心得其养,病斯去矣。

　　说著涵养,出言仍伤忠厚。

　　自己利心未去,乃论人耶。

　　看涤生所进讲筵礼仪,该博详尽,爱君之心出于至诚,愧弗及也。

　　不愿受过是大病痛。

　　黄海楼将归,劝其读有益身心之书,学者全副精力汨没于举业中,人才安得日出乎。

　　疾恶之心,发于忌刻。
　　何子永曰:此病尤易犯,而尤难去,心不清故也。

　　一客来,博学雄辩,令人不能置辞,间效忠告,其舌锋甚锐，不能入也。

有过不改，徒记何益。

于理稍有所见，便涉矜张，浅甚。

打起精神做人，庶不负天地生我一场也。

客来述朱文定师句云："大人何以大，不失赤子心。青天悬白日，讵受纤尘侵。"令人感奋。

隐微深痼之疾，令旁观者一口道破，不禁悚然。

朱久香来，直言规戒，风气不仗我辈挽，更谁挽耶?

复以所言质竹如，意始决，以此知舍己从人之难，非至明且健，盖不足以语此耳。

心中总是二三，不诚安能动物。

极痛心事,作口头熟语道过,性真安在。

述人薄语,心实刻也。

客来言不入耳,漫应而已,悔未令阍人谢之,所著离奇光怪,惑世之言也。

苏菊邨致书云:"以礼自绳,事亲从兄,浑身都是罪过。"菊邨喜著述,今能切己如此,知工夫更进层楼矣。

恳款详尽,庶为进言之道,径情直遂,朋友且不可,况君父乎。

读《大学衍义》,欲复三代,非从事《大学》断断不可。盖未有无格致诚正之功,而能致齐治均平之效者。

自己好处掩藏几分,此涵蓄以养深;别人不好处掩藏几分,此包容以养厚。至哉言乎!

暗坐思己过,见事不精,知人不明,出言不慎,种种错谬,不堪问心。

己不慎,而欲禁人言,其何及矣。

熊文端《重修东林书院记》:"愿吾党之士,以默识为真修,以笃行为至教,勿口舌击轧以争能,勿意见纷拿以长傲。尊贤容众,嘉善矜愚,偕游于大道为公之世,而绝无怙己凌人之习,开斯世以雌黄我辈之端。"文端盖深知古人致祸之由,故言之切当如此。

雨生来,劝其用功,语多规戒。日在世俗场中,不能读书取友,以求进德,鲜有不堕落者,良可惧也。

早起课儿读书,虚与委蛇,以收其放心,逐字讲解,务使其了悟,一晨皆是如此。

客以《瀛寰志略》见示,涉猎许久。以有先入之言,便生一偏之见。

某复游京师,甚无谓,极宽大世界,几于无地可容,亦可谓不善学矣。

习俗移人,以弱冠之子,斩然衰绖,奔驰数千里,孳孳为利,良可慨也。

雁汀兰士来,无端又扬人过。雁汀慎密,言不妄发,可法也。

观父子之相隐,兄弟亦如是矣,不藏怒宿怨,仁人之亲爱为何如乎?

喜誉是大病,怀锢蔽自欺之心,长虚自大之气,皆由于此。

所养不足,无风起波。

惯病不察,闻人言惕然有省。

闲言闲动,总由心放,当极力裁汰。

制欲不刚,瞒心昧己。

日间多是自欺,更说甚学。

答人书,寓规于颂。人不及时为善,孤负性灵,抛荒岁月,真可惜也。

借事愧人,致招致侮,不诚故也。

车中看《孝经易知》,证出从前多少粗疏,而当下仍不细也。

凡贪恋不舍处,皆附膻逐秽行景,最可贱恶。心至贵也,物至贱也,奈何贵为贱役。

名心最重,触著便来。

何子永曰:即利心也,为己不切,此是确据,下学立心之始,此关必悉攻破,乃有驻足处。

闻一友改行易操,取巧之人末路往往如此,可畏哉。

读《大学衍义》，观东汉标榜之习生，人恐惧之思非以畏祸，暗然自修，为学当如是耳，刊落声华，一意为己可矣。

夜梦暴怒，气之难养也如是。

武陟宋汇一来，举止安雅，望而知为强斋弟子。

寄弟信言：祸福之见不除，风吹草动，皆能摇夺，尚有何事可做。又言：得失分定，钻营苟且，非所以训子孙。

一事回惑，初念计害，转念遂非，要之均无是处。

默省近日见解议论，往往是己非人，有凌虚驾空、俯视一切之意，久假不归，终成一妄人而已，可不惧哉。

虚声可愧，当益加策励。

颜鲁公历忤大奸，颠跌撼顿至于七八，始终不以祸福死生为秋毫顾虑，令人景仰无穷。

作事不能一心贯注,且每病弩末,后力衰飒,不可不深戒而痛惩之也。

说著要敬,仍是疏懈,学力轻、习染重也。

敬心间断,只是不诚。

大甥索格言,为书"以责人之心责己,以好利之心好学"。丈夫当挺然自立,放开胸襟,一切利心定须攻破。

祭后哀意顿忘,天良安在。

自省用情常失之不及,处事待人,少一段淋漓笃挚之意,虽勉强从厚,而居心实薄,非大加学力不能变也。

与苏菊邨书,论为学之道,在伦常上尽心,以求不愧不怍。又言:文以行重,于世道人心,力求裨益。

读陈北溪道学体统,用功节目,安常习故,不能奋然立志，以求自拔自省，至今仍中此病。志不真切，故学不精进，奋发有为，以求日新，可不勉乎。

出语便伤时，总是少涵养处。

读薛子条贯其言，淡而弥旨，令人矜平躁释。

为四弟说前代俭朴之风，及近年靡费之故，以官为家，人多费钜，何以善其后乎。

道理非从心体上实实透彻，见闻启发，旋明旋昧，终靠不住，以深造乃可自得也。

是非在人，旁观甚明，及身履之而昧昧焉，盖克已难也。

与人论处家之道。古香谓："并自尽其道之见亦不可有，自谓尽道，便是已非人，愈决裂也。"古香处家有道，故其言切当如此。

未同不必言，徐以化之而已。

为儿言临民之难，居官是苦事，做官是苦人，须知此意，此道非寝馈其中，性命以之，不能得也。

拟将诸儒阐道之言类聚观之，以求豁然之一悟，大处不分明，恐所见皆肤末也。

古之大臣，陈善格心，亟亟以成就君德为务。伊尹耻其君不为尧舜，孟子非仁义之道不陈。我思古人，愧弗及已。

庚戌日记拾遗

　　未发无有不善，而中节无往而不善，不中节然后为不善。寻思此语，知未发时为地甚宽，为时甚豫，只为心不存，便一蹴到不善那边去，无时不蹉过也。求善于未始有恶之先，正要从未发著力。

　　吴竹如曰：末二语疑未莹。未发时似只有涵养工夫，下不得求字，亦难言著力。

　　何子永曰：未发虽无不善，而心不存，则天命之理隐而不见。敬则常惺，静而有以自存，动而有以自察，故惟敬而无失最得。

　　静中存养则性定，静中玩弄则性荒，所争只在敬肆。

　　人多口口静字，未免因噎废食。

守定个礼字丝毫不苟,便有清明正大气象。

何子永曰:此即四勿工夫,最简易最难,难于不间断。

眉批:言理等非遗气自口以后所有为备。①

《中庸》天命,周子《太极》,皆从源头说起。《中庸》言理,《太极》兼言气,致中立本,主静立极,工夫一也。

犯而不校最宜学,使有不足与校之心,则又涉轻人矣。

整庵以道心为性,人心为情。双池非之,极是。

吴竹如曰:汪双池先生所驳正整庵先生,条条皆精当不苟,其论理气之辨为尤得其要。

理直欲曲,理明欲昧,的是如此。

何子永曰:前条理乐欲不乐,言见道理之亲切。此则于体道理亲切处,指示切究境界,学者当自求此诣,而得之于独喻之中,拳拳勿失,则为进矣。

---

① 此条据摘抄本补。

伊川云:"不识怎生养。"此定论也。后又以求中为不可,盖以"求"字过重,恐人将"中"作一物看,著力求之,致生病痛,故以为不可,而以存养救之。要之,存养时亦离体认不得,此处只折"求"字之非,未之及耳。求与识自别,伊川之言非有异同也。

吴竹如曰:伊川云:"不识怎生养。"又云:"涵养于未发之前则可,求中则不可。"自是言各有当,若牵合言之,谓求与识自别,存养时亦离体认不得,恐不能无弊。盖"不识怎生养",乃知止而后有定之意,以求中为不可,当以"既思即是已发"一语为断。求与识虽有别,而求与体认实为既思一边事,如以存养与致知相资为用,谓存养离体认不得,则体认即属致知,不得指定未发时言矣。今方就未发立论,而谓存养离体认不得,是即体认未发之时气象①,又何异于求中乎?似未免错认伊川"不识怎生养"句语意耳。姑记以俟质。

心有所欲,若思到遂欲后,索然意尽时,热情顿冷,此亦破除之一法也。

---

① 是即体认未发之时气象:原作"是即体认未发之旨",据摘抄本改。

何子永曰：平日以义理浸灌此心，仍是于几之初动一刀两段，较直截。但恐万钟不辨礼义而受之时，平日之本心竟靠不住，须是经过几番大小常变，皆有以理胜欲、以敬行义工夫，才能渐到见大心泰一边境地，此法正初学救急之方，不可轻视也。

果能一刀两段，固是直截，若未能立地断除，则只得打穿后壁一法，一刚克、一柔克，工夫都在几之初动时，但少分迟速耳。前按谓受万钟时平日之本心恐靠不住，不知此法非仅用于见万钟时，正是平日慎独工夫，操持磨炼，使本心日以坚莹，乃能终久不惑于万钟。孟子为宫室之美等云，正是打穿后壁，使学者平日提醒志气不慑于物欲之法。先生于心有所欲，即以此法破除，正是孟子教人之意，当实力自践，不得轻言一刀两段，转令隐微有留愿也。

吴竹如曰：当几立断，一刀两段，自是直截，然每易蹉过，则此法亦未可轻视。又曰：此虽拙法，亦是急救之法。

何子永曰：有不善未尝不知，知之未尝复行，明健如此，才不蹉过，才是见大心泰。先生蹉过之言，真艰苦阅历语。此法无论平居临事，无论物欲之大小，皆当与一切两段之法相辅而行，慎勿蹉过，才算做诚意工夫。

张子之言直是精切，其云学不长进，正以莫识动静，见他人扰扰，非干己事，而所修亦废。自省终身坐此，冥冥悠悠无进步也。

略见得道理，便觉世间有多少不如意处，世间有多少不可耐处，看圣贤气象何等宏大，岂如此逼窄耶，亦可以爽然矣。

洪琴溪曰：先生批河南学者日课有云："学问从圣贤比较，则学进矣。"亦此意。

平日看诚字未曾切实理会，即此已是不诚，此字无一事做到。

何子永曰：诚者无妄，辨妄与去妄有切实工夫，才是无伪。又曰：思诚为修身之本，而明善又为思诚之本，工夫尤莫要于主敬，敬则自能切实理会。

习心动，即自责曰："汝所学何事，乃鄙妄如此耶。"则正气生而妄念消矣①。

---

① 则正气生而妄念消矣：生，摘抄本作"伸"。

处尊严之地，总有些震慑意，所养可知。

此学急不得缓不得，急则助，缓则忘，勉勉循循、永无间断最难。

与作人言，学问之道，第一要除客气，虚心静虑、反躬务实为要。

喜人为善，即善心也，须扩而充之。

躬行不力，由穷理不精，真知善当为、恶当去，则务决去、求必得，自不容已矣。

先茔致祭，展省松楸，感伤久之。忆去岁是日省墓，兄弟约同往，予自他处先至，兄以道泞不果来，讵知今日来而兄先在乎，今日反而兄不归乎。抚今追昔，痛何如也。

理欲之几，间不容发，非主敬工夫到无贰无杂时，察之不精、守之不固也。

迁善改过成口头熟语矣。[①] 试问所迁何善，所改何过，真不堪以扪心。

治生有道即是实学，友朋中有治生无术以至身败名裂者，谁谓鲁斋之言非学者要务哉。

泾野云："力行甚难，苟非操存，为之不已，心机又从熟路去。"诚哉是言，不过此关，终为故我而已。

圣贤言修身，言践形，盖一身为实理所寓，不容泡幻视也。《冷语》以形骸为煨烬，失之过高。又云：至无至虚，而后能至诚至实。愚意，诚字工夫做到至处，人尽天全，始合于无声无臭之载，学从诚入，不从虚入也，著意虚无，恐滋流弊。

何子永曰：无欲由虚，有主则实，去私与存理，用力有交济之益，不必执定先后，谓至无至虚而后能至诚至实，则是谓克己已尽而后能复礼矣。恐工夫反放松一步，将未有所谓礼，亦何以克己乎。若以本体无物为言，更多流弊矣。

---

① 迁善改过成口头熟语矣：语，摘抄本作"话"。

辨别是非不容已处，即恻隐之心也。

读书穷理，将身心纳入其中，涵濡浸润，如此数十年，当另有一番境界。勉之勉之。

高恒溪曰：欲仁斯至，日新又新，上蔡谓圣人是一日一日积的，非一些一些积的，语似不妄，过为刻责，反觉重而难举。谨存此俟质。（原注①）

吴竹如曰：圣人固非一些一些积的，然学者必先由此一些一些积的，方能一日一日积去，似难并论也。

何子永曰：一日一日积的，即是一些一些积的，若以一些为小，恐非主敬存诚之学。又曰：一实万分，小大有定，不专在一些，亦不可遗却一些，而学者却要从小处做，做到极处，亦不过是小处不欠缺耳。不是一些一些积的之言，恐非下学之法。

先立其大是存心，一些一些是力行。

朱子云："气质未化，偏重难反，学者之通患，但当常用力于恭敬持守②，而玩义理以培养之，不必反复计较，悔吝刻

---

① 原注：二字据摘抄本补。
② 但当常用力于恭敬持守：常，据摘抄本补。

责,如此太深,却恐有害清明和乐之气象,亦足以妨日新之益。"字字恳至,益我大矣。

吴竹如曰:必如朱子此条之言,方不至倚于一偏,彼谓不必过为刻责,恐不能无语弊也。

何子永曰:按朱子"用力于恭敬持守而玩义理以培养之"之言,较上蔡语密①,实令学者有循习处,其所称"不必反复计较悔吝",亦正是恐蹉过持守培养当下工夫耳。

《通书》言静、言诚、言一、言止,皆是在太极上立脚工夫②,一呼一吸,直通帝谓,洵简易直捷(一作真切)之学。

吴竹如曰:读此条不能无疑。似亦是认未发为太极,与前所引叶平岩语同病,且措词虽若高妙,似欠平实意味。

口学而口口趋于简易直捷,恐不能无弊。又识。

又曰:动容周旋中礼者,盛德之至也,即一篇《乡党》所记,何时不在太极图上立脚③。故曰:从洒扫应对与精义入神,贯通只一理。如此看,庶不使人舍下学而求上达。竹如再识。④

---

① 较上蔡语密:"上蔡语"三字,据摘抄本补。
② 皆是在太极上立脚工夫:是,据摘抄本补。
③ 何时不在太极图上立脚:图,据摘抄本补。
④ 竹如再识:此四字据摘抄本补。

倭文端公遗书卷六　日记（壬子以后）[①]

世间有一件耽心物，便打不过声色货利关。三复斯言，猛割一爱。

昨因仆人舞弊，甚动气，子细思来，自己亦有不是处，德既不足以化之，又少一番谆谆告戒工夫，小人趋利，遂为鬼蜮。明道之仆不欺，是何等感应。愧死愧死。

事同志通，睽是不好底卦，圣人却寻出好处来说，胸中纯是一团生意。

为口腹起一尤人心，急化之。

反身修德，察之念虑之微，验之躬行之实，无时不当如是，而遇蹇尤宜兢兢。

二与五为正应，义同休戚，死生以之，而吉凶非所论。读"王臣蹇蹇"一爻，慨然兴致身尽力之思。

汉高除秦苛政，约法三章，得"无往来复"之义。惟因陋就简，不能有为，以复先王之治，于解之义未尽也。

燕灭齐，王蠋不屈而死。诸大夫曰："蠋，布衣也，不北面于齐，况在位禄食者。"乃相与求潜王子，立之。观此，即谓王蠋存齐也可。然则节义之有益于人国也，大哉！损之九二曰："弗损，益之"，不特桐江一丝系汉九鼎也。

六五"或益之十朋之龟"，《程传》主受天下之善说，以应二刚取义，正合本爻柔顺虚中之旨，《本义》不取，何也？

值损之时，二簋用享不为薄，窃于此得救时之道焉。

心不可有一毫偏。

惩忿窒欲、迁善改过，修身之切务也。

其言之不怍，则为之也难，注谓无必为之志，真是抉透病根。自省行不逮言，只是无志于为，大言不惭耳，读此奋厉。

治国决以去小人，修身决以去物欲，扶阳抑阴，其道一也。

剥"不利有攸往"，不欲其为纯坤。夬"利有攸往"，必欲其为纯乾。圣人喜阳恶阴如此。

陈恒弑君，孔子请讨，事虽未行，亦足以警三子矣。靖一时之祸变，扶万古之纲常。圣人举动有裨于天下后世，岂浅鲜哉！

夬九五之象曰"中未光"，《程传》谓夫人心正意诚，乃能极中正之道，而充实辉光，一有所欲，则离道矣。观此，知人君之远小人,必先自去其私,中有所比,未有能去邪勿疑者。

姤曰壮、曰勿用,戒五阳勿忽一阴之微而昵之。唐五王定武氏之乱,不去三思,终罹其害,其不知此义哉。嬴豕蹢躅,圣人垂戒之意深矣。

吴竹如曰:张子以李德裕处置奄宦未尽为证,尤切。

省身克已,省如稽查关隘,不许放过一人;克如猝遇大敌,必欲灭此朝食。要具此精心果力。

子欲养而亲不逮,抚今忆昔,每怀风木之悲。

同而能异,不拂乎理,亦不戾乎俗,此殊不易。

君子慎德,积小以高大,圣贤工夫,都从小处步步踏实积累上去,无超入圣域之理。

合开口时,要他头也须开口,须是听其言也厉,性情柔懦,宜时以此意振之。

吴竹如曰:听其言也厉,须是集义养气,渐变化其柔懦之气质，而后有此气象。若仅以意振之，恐虽饬厉于外，仍不免依违于中，且有时反失之矫枉过正矣。

困不必是艰难险阻，日用间气质、物欲、习染种种，痼蔽本性不得出头，皆刚困于柔之象，扶起天君，斩除一切，则"困而不失其所亨"矣，是非刚中不可。

致命遂志，虽在临时，工夫却在平日。朱子曰："检点念虑，动作须是合宜。"不愧不怍，如此而不幸填沟壑、殒身命，有不暇恤，只成就一个是处。

圣人之学，事事以天为法，圣人之心，时时与天相通，真有人不及知而天独知之者。

知困之义，则知安命，若致命遂志，困不失亨，则能立命矣。知井之义，则知尽性，三内卦渫内以致其洁，四外卦甃外以去其污，内外交养，诚尽性之极功也。

公伯寮之诉季孙之惑，景伯大是不平，以夫子视之，诉者、惑者、告者，只如太虚中浮云变幻、须臾往来，于太虚之体毫无增损,圣人之大何如哉! 信不待决于命而始泰然也。

仆人嫌苦怨怼,自思处置未善,初时利心不净,未尝明白晓谕,一旦所欲不遂,故生觖望耳。此后遇事,认定是处,须斩钉截铁做去,含胡不得。

管异之同云:"今之风俗,好谀而嗜利。欲人不嗜利,莫若闭言利之门;欲人不好谀,莫若开谏争之路。"又云:"上不好谀,则劲直敢言之气作;上不嗜利,则洁清自重之风起。移风易俗,所行不过一二端,而其势遂可以化天下。"名言至理,实获我心。

海忠介惟有一袍一仆之风,故能建言世庙,士大夫未有封殖厚奉而能轻其生者。

四五仆人,尚自觉察不到,乃以知人之道告吾君乎。

震以恐致福,能安由于能危,观洊雷之象,恐惧修省,处震之道也。

敬字工夫，天德王道一以贯之，正位凝命，笃恭而天下平。程子曰："聪明睿知，皆由此出，以此事天飨帝。"

《通书》曰："止，非为也，为不止矣。"为，非行为之为，言一循乎理，而无所作为耳。艮兼行止，行而不失乎理，乃所以为止也。

吴竹如曰：《通书》言静、言止，人每误会，遂启假借之弊。得此发明，于艮止补出行字，与朱子之解主静补出敬字，同为有功于周子。

程子内外两忘，澄然无事，诠艮义极精。徇物、绝物，皆非也。

张子曰："义理不胜惰与羞缩之病，意思龌龊，无由作事。"自省二病俱有，须痛下持志养气之功。

渐卦三志不在温饱，有益于国，而非素餐，上志超乎尘俗，为世仪型，而非无用，出处皆有事也，君子之立身岂苟然哉。

或以战国诈力相尚，至于暴秦，天理几于灭绝。汉兴，董仲舒始推阴阳、言祸福，而后天之与人又渐觉亲切。愚谓天与人无时不亲，人自远耳。非道亡也，幽厉不由也。

内重则可以胜外之轻，凡于外面欣羡之物能看得轻，必是里面有件物事压得他住，方能如此。

丰上六："丰其屋，蔀其家，窥其户，阒其无人，三岁不觌，凶。"人之自恃其明者，观此可以戒矣。"天际翔"，形容处高自用之情入妙。

道无不在，虽旅亦有其贞，造次颠沛必于是也。

《诗》曰"不素餐"，《易》曰"不素饱"，自问于地方何所裨益，对食能无愧乎。

巽初六阴柔，进退不果，惟以刚武之气，矫其巽懦之情，庶志立而可以有为。

蒋渭公伊云："三代以上之人才，由于教化；三代以下之人才,乘乎气运。"

斩除一利心,所学何事,乃徇人失己乎。

丽泽之益,必不可少,遐荒万里,离群索居,回忆都门友朋聚处,切磋身心,此乐竟不可得,抚卷兴思,不胜怅叹。

兑五孚于剥,阴柔剥阳,最易亲信。夫子以为位正当,正则恃其才,足以烛小人之奸;当则恃其权,足以制小人之命。夫天下之患,未有不生于所恃者也,恃明则暗,恃安则危,治乱之几,分于君心之敬肆而已矣。

涣九五"涣王居",《本义》谓涣其居积,如陆贽所云,散小储以成大储之义。苏氏谓涣之中,不知孰主孰臣,至于有庙,始知王之所在,言涣之中有王居也。按此与象"正位"语合,未知孰是。

《本义》正大,苏氏新巧。

时逢祭墓,不获展省松楸,又不知慈亲宅兆卜得与否,遥望白云,寸衷凄怆。

节九三“不节若，则嗟若”，若士君子立身一败，万事瓦裂，自贻伊戚，嗟何及矣。

彭起丰《讲义》云：“左右大臣，必有耆艾硕德，从容朝廷之上，以培养元气，汲引善类，扶植忠良。至于小臣，尤必作其敢言之气。台谏之官，固当责以尽言，即翰林郎曹，亦宜令分班陈奏，讲明经术，敷陈庶事。朝廷耳目既广，自能赞成清明之治，臣下支体辐辏，亦摩厉而不至于废弃。”此等奏议，今不多觏。

言行，君子之所以动天地，须思我可以动天地者何在。

一事犹疑，其根在利，搜出诛却，殊觉爽洁。

家人“闲有家”，中孚“虞吉”，正心与正家，皆在于初，志变而始防之，无及矣。

赵充国云：“偷得避嫌之便，而亡后咎余责，此人臣不忠之利，非社稷之福。”嗟乎，巽恧巧避，国家亦何赖有此臣子哉。

学要发愤敏求，自省总是偷惰。

名心即利心，总之是失其本心。

"自古皆有死，民无信不立。"圣人处变，只是处常之法。孟子得之，曰："窃负而逃，终身欣然，乐而忘天下。"程子得之，曰："饿死事小，失节事大。"民彝重而天下生死为轻，知此可以处常，可以处变。

为所当为，加一分要好意思，则公也而反私矣。薛文清云："处事不可使人知恩。"又云："欲人悦己，则人有恶己者矣。"思此爽然。

既济终止则乱，溺于宴安，无进为之志，此祸乱所由萌也。治功、学业，皆坏在一个止字。

穷通富贵天为政，希圣希贤我为政，乃人于在天者攘臂而与之争，在我者任大权之旁落，惑亦甚矣。

舜事顽亲,逢、比遇暴主,圣如孔子,终老布衣,贤若颜渊,箪瓢陋巷,人有小小拂逆,遂怨天尤人,其不自量也夫。

不敬则不简,中既二三,外遂烦扰。

但求无愧于心,乌能尽如人意。

刘直斋先生云:“人当心机不活,意思滞塞之时,即是气质昏浊,天理将灭之兆。便要抖擞精神,唤醒此心,使勿退怠。”又云:“为学须涵咏从容,^①有个活泼意思,方有长进。”(以上二条刘直斋先生语)

寻常言动都要持守得定,游移惯,则大节亦不立矣。

程伯子终日端坐如泥塑人,及其接物,浑是一团和气,想见有道气象。

_____

① 为学须涵咏从容:咏,摘抄本作“养”。

伯子云："识得时,活泼泼地,不识得只是弄精魂。"然亦有弄精魂而自诩活泼者。

"忧悔吝者存乎介",介者,善恶已动而未形之时,即几也。日间此处不知放过多少。

庄周道在瓦砾矢溺,直斋谓其知道,窃疑不然,道固无物不有,然彼直以形器为道耳。搬柴运水,竖指擎拂,释氏以作用为性,岂知性者乎。

一著想,便落薄一边,人小哉。

是己非人,何以进德。

程子云："一心兴邦,一心丧邦,只在公私之间。"公则内不见己、外不见人,惟理是从而已;私则功必我立、名必我成,争端一开,人心猜忌,此治乱所由分也。

"大哉乾元,万物资始","继之者善也","乾道变化,各正性命","成之者性也"。《通书》说个诚字,便是达天之路。

朱子注《太极图说》又拈出一敬字，敬到至处即是诚，诚到至处即是天。

“继之者善”，此时全是天命本然，无丝毫查滓，于此看得透、信得及，戒慎恐惧，操存勿失，此为学第一义。

日里必有一段静中涵养工夫，方与道理亲切，若驰逐张皇，无一时定帖，乌得安身立命处耶。

“仁者见之谓之仁，知者见之谓之知”，毗阴毗阳，各得其性之所近，非格物穷理，不能化偏见而识道体之全也。

人心专一于理，①作事便直截，此乾道静专动直之理也。

五尺之童羞称五霸，盖义利之辨闻之熟而知之稔也。圣学不明，荐绅先生老死不知功利之可羞者何限②，其亦闻董子之言而赧然乎。

---

① 人心专一于理：摘抄本作“人心专于一理”。
② 何限：摘抄本作“何可胜道”。

直斋云："圣人见理不见事物，故显微无间。"若此则显微有间矣。似云，见事物即见理，方不落空。

轻人适以自轻，断断不可。

鹤鸣子和，言行贵诚；断金如兰，友朋必信；藉茅用慎，德盛弥谦。不出户庭，知语言之宜密；负乘致寇，信非分之难安。遵斯道也以往，可以无咎矣[①]。

性习于宽，才严便疑刻，此不得中处。

事到面前，每每粗心放过，不肯穷究力索，此最颓惰，宜痛矫之。

直斋云：《中庸》之戒惧即《大学》之正心，《中庸》之慎独即《大学》之诚意。愚意：慎独即诚意是也。戒惧即正心，恐未安。欲正心，先诚意，可云欲戒惧先慎独乎。《大学》正心就发处说，《中庸》戒惧就存处说，言各有当，无事

牵合也。

吴竹如曰：直斋语似无弊，谓为牵合，恐未安。盖《中庸》戒惧是全体工夫，虽就存处说，然承道不可须臾离而言，未尝不兼该发处，故朱子谓戒惧是由睹闻以及于不睹闻。《大学》正心亦全体工夫，虽就发处说，然以心不在焉而言，未尝不兼该存处，故朱子于注中补出敬以直之，其义精矣。由此推之，则正心工夫实不外乎戒惧，所谓慎独，乃全体工夫中由静而动之介，更加以审几耳。即谓欲全体工夫无间断，必先于几之初动处不放过，亦无不可通，似不必徒较量于字句间也。敢质所疑。[①]

戒惧是敬，正心工夫亦须敬，敬即存养也。凡言静存，乃对动察而言，其实敬贯动静，乃全体工夫，故曰存养是君主，省察为辅佐，彼专以存养属静者，所以易入偏枯矣。

正心章就发处说，是特指出身心交关处。

朱子答南轩曰："通天下只是一个天机活物，流行发用，无容间息。"此意正好玩索，天地以生物为心，人物之生，又各得天地生物之心以为心，此天机活物也，仁也。薛文清

---

① 敢质所疑：四字据摘抄本补。

云：鸢飞鱼跃，是道理无一些欠缺处，逝者如斯，不舍昼夜，是道理无一息间断处。总言此天机活物而已。

天理流行充满，无少欠缺，必于当下实地上步步踏实，尽得圆满充足、无亏无欠，此非可以空言搪塞、虚见承当。

心与理合则人、离则禽，危乎不危？

朱子曰："虚心顺理，学者当守此四字。"直斋谓："虚心则大本立，顺理则达道行，皆吃紧为人语。"大抵心主敬则虚，理必穷始顺也。

蒙养之功，先将其利心打破，方不至堕落坑堑。

醒便著在闲事上，及觉已数转矣，朱子云为己之学有忘耶，总是志不真切。

易无思也，无为也，寂然不动，感而遂通天下之故。朱子谓人心之妙亦如此。答敬夫云：心主乎身，无动静语默之间，是以君子之于敬，亦无动静语默不致其力焉。又云：寂而常感,感而常寂①,此心之所以周流贯彻而无一息之不仁也。本体工夫一齐道破。

发不以时,虽正亦邪,况不正乎。

古人阐道微言,学者潜心体玩,以求自得可也。一落言诠,便多滞碍,较量字句,更涉迂拘。直斋似未免此。

洗心退藏于密,斋戒神明其德,是切要工夫。

庸,平常也,天地间道理,只是一个平常,原无奇异,见及此,当下便觉松快。一切智计营谋,都是无事自扰。程子曰:"万变在人,实无一事。尧舜事业,如太虚中一点浮云过目。"知道之言也。

坦适中要提撕警觉,少顷便流了。

客气断不可有。

---

① 寂而常感,感而常寂:两个"常"字,原作"尝",据摘抄本改。

人性皆善,皆可适道,只为无人提唱,遂汨没了天下多少人材,实为可惜。傥朝廷倡明于上,师儒讲求于下,道德仁义树之风声,不数年间,人心风俗必有翕然丕变者,道岂远乎哉,术岂迂乎哉。

打破富贵贫贱关,方好商量进步。

谕咸儿:汝离父师,入宦途,习俗滔滔,最易沾染。昔某少年科第,观政京师,父命老仆与偕居一年。某自为无过,以问仆,仆曰:变矣,某事渐骄侈,某事渐颓惰。某大惊惧,立日课自考,后为名臣。(见《二曲集》,忘其姓名。)可知风气移人,有潜驱默夺而不知者,良可畏也。汝宜严定课程,慎之又慎,勿随俗变迁,致有道君子鄙夷焉,以为不足为善也。

柔懦之性,以刚毅药之。

让古人是无志,不让今人是无学。

刘直斋先生八旬遘疾,祀先行礼,犹自跪拜不苟,后生小子筋骨柔脆,动辄偷安,能无愧乎。

吉凶悔吝生乎动,所谓人心才动,必达于气,便与这屈伸往来者相感通者,此也。天人一气,有感即应,惟随其顺逆以为吉凶,盖气也,而理寓其中矣。

理财正辞、禁民为非曰义。任翼圣启运云:财之不理,由正辞、禁民之不讲。正辞者,示之以所当行,重本业、劝农桑,定昏丧之制,严贵贱之等,使知勤之可慕而乐于勤,知俭之为美而安于俭。禁民为非者,示以逐末之不如务农,奢华之不如朴素,渎鬼神之不如尽人事,而倡之皆自贵者始。此通达之论。

操存不固,百病丛生。

理亲则欲自疏,每于读书有悟时,体验真觉,心理交融,有得意忘言之乐,平日物欲习染,力屏之而难除者,皆黏合不上[①],主客之势较然。

---

① 皆黏合不上:摘抄本作"皆消归无有"。

自强之功不可间断，一间断，则人欲肆而天理微矣。

潘稼堂耒上某学士书：所赖二三大臣为君上陈其纲领，辨其本末，以实心实意振起天下之人才，以大机大权转移天下之积习，今日所献纳者，在正本清源，区区科条律比，可以置而弗道。愚意窃以为然。

徐文贞阶当国，毕公在言路，举朝严惮毕公甚于文贞，议且出之于外。文贞曰："不可，有若人在，不敢自纵，可寡过也。"无愧相臣矣。

人谓天下事坏于小人者十二三，坏于乡原者十常八九。此有激之言。

《易》曰"何思何虑"，又曰"精义入神"。何思何虑者，自然之理也；精义入神者，当然之功也。伊川于上蔡，谓其发得太早，复云正好著工夫。此意可思。

尺蠖之屈，以求信也；龙蛇之蛰，以存身也。不翕聚，不能发散，故主静立极也。

实见得天命本然不可离于须臾,则不动而敬,不言而信。

讲学甚乐,一遇同志便倾囊倒箧,不觉言之津津也,快哉。

致任雨田同年书:近看得事理通达,心气和平,甚不易。几一理未穷便隔阂,一念不敬便乖戾,且或误认机巧为通达,谬以宽纵为和平。又:是非不明,怙己误、舍己亦误;心地不洁,好名私、畏名亦私。矜心最易长,稍当理便觉自满;利根极难去,可假借即欲放宽。种种病痛,阁下何以教之。

人患不知病耳。既知病之所在,细心体认,绝去根株,当下即是工夫,但无令或作或辍可也。原评。

养得极静,守得极定,其介如石,而后几可知也,操存不固,察识必不能精。

心细如发,丝丝入扣,钻进道理里边过日子,一瞬一息不离这个方得。

立身行己,不能见信于人,自反生愧,然闻言修省,受益宏多矣。

《易》下传七章,基所以立,柄所以持,复者心不外而善端存,恒者守不变而常且久,惩忿窒欲以修身,迁善改过以长善,困以自验其力,井以不变其所,然后能巽顺于理,以制事变。制行之道,赅举无遗。

张江陵官翰林时,凡四方輶轩奉使归者,必往为造访,辙迹所至、山川形势、地利平险、人民强弱,一一札而记之。此可为法。

明于忧患之故,无有师保,如临父母,戒慎如此,庶无悔尤。

方灵皋先生与某公书:传曰:恶人在位,弗去不祥,力能去之而任其播恶于众,是谓拂天地之性而亏本心之明,不祥莫大焉。观此,知以有容为德,而容其所不可容,则人恶皆己恶也。噫,恻隐流为姑息,而仁不可为矣。

熊公远文举疏崇奖廉节,使人晓然知进退出处之大闲,不但为身家妻子而禄仕,知愧清夜,知畏影衾,于以作忠献而厉士气,庶几吏治清而民困可苏。昔贤云:朝廷岂尽无才,患在趋利忘耻。公远一疏,亦根本之要图与!

血气之勇不可有,义理之勇不可无,当怒不怒,是恶恶之意不严。

危者使平,易者使倾,惧以终始,其要无咎,易道也,天道也,人道也。

同官不和,非为名,即竞利,心乎为国,何争之有。蔺相如之于廉颇,郭汾阳之于临淮,可法也。

必斋其心,必肃其躬,不敢弛然自放于床第之上,使惰慢邪辟之气得以贼吾之衷。(西山《夜气箴》)

鄂文端疏:"国家设官所以为民。能利民,宽严水火,皆所以为仁;不能利民,刑名教化,皆足以为病。"名言也。

　　范希文所至有恩,恩不必是财贿,爱敬存心,随所接之人,皆欲匡正扶持,偕诸大道,此即是先忧后乐心肠。取以自勘,亏欠多矣。

　　满腔子是恻隐之心,此心涵育薰陶,蕴之方寸,而充之满天满地,无内无外,都是生生之气,诚能体而存之,则仁在是矣。

　　夏峰谓姚江"无善无恶心之体"非指性也,何尝与性善相悖,不知姚江之意,本是说性,特不欲昌言以犯天下之不韪,故以心之体代之。心之体,非性而何? 后人强为解说,曰无善无恶是为至善,则尤无理矣。

　　姚江无善无恶之说,本依附于周子无极之意,至四无之论,自是龙溪变本加厉,姚江之初意不尔也。惟"为善去恶是格物"一语,将作事实功缩入格物,直是有知无行,未免偏枯。愚尝借易四语曰:"至善无恶性之真,有善有恶意之动,好善恶恶是致知,为善去恶是力行。"未知有病否? 请酌之。原评。

　　吴竹如曰:以无善无恶之说为依附无极之意,是先不识无极也。盖周子之无极,系专指理而言,姚江之无善无恶,则认气为性,焉容假借①? 至云好善恶恶是致知,仍袭姚江诸论②,奈何忘却诚意工夫? 即在好善恶恶之自慊,而云是致知也。前评未著姓字,漫质所疑,深惧僭妄。

自己不诚,乃归咎于人,谬矣。

陈文恭云:凡有益于世之事,其始不能不有所难③,迨其后又不能一无所累。畏其难、惧其累,必至视天下事皆可以已,不但己不为,且劝人不为,且忌人之为,见有为之者,则又即其小疵以议其大醇,使卒无以自解,此所以驱天下之人皆趋于苟安自便之一途,而鲜有人焉出而任天下之事也。说尽废驰习气。

读书穷理,字字不可放过,心思细,应事庶不粗疏。

穷理所以存心,岂兀然如禅家坐定耶。

---

① 焉容假借:原作"乌用假借",据摘抄本改。
② 仍袭姚江诸论:诸,原作"绪",据摘抄本改。
③ 其始不能不有所难:第二个"不"字据摘抄本补。

刘庸斋曰：蹈陆王之弊，每谓存心即所以穷理。此语可破其惑。

都门友朋曾以学求实用为勉，虽知其是，终无讨论实功，推原病根，只是性耽安逸。及今为之，犹可补救，勿因循也。

直斋云："曾点能见大意，磊磊落落，不须克己，然又恐过之而流于狂。"窃疑过处即是己，如慈湖以无意为学者，在无意即意也。

抗志希古，动兴责难陈善之思，然自问，先难何事？迁善何功？可徒恃喋喋佞口耶，积诚焉可尔。

"存吾顺事，没吾宁也。"顺事如孝子奉亲，先意承志，敬谨依从他作去，自家血气不敢作一毫主张，惟其和婉敬恭而顺，故能心安理得而宁，事天无他，亦事心而已矣。

吴竹如曰：事心之心，易以理字何如？继而思之，说事心固似有语病，若说事理又未见亲切，似宜提出性字，方贯通。拟云：亦事心性而已矣。

　　艮峰曰:窃谓心有本心,有习心,若认得真,单言心字,似无不可,如张子以一心为严师是也。若认不真,即言理、言性,亦是外道,如《传习录》中何尝不谈天理、说至善乎。

　　竹如曰:此论甚当,第当时因孟子有"存心养性,所以事天"之言,故本此而言,事天之学,亦事心性而已。若竟曰亦事心而已,措词固较直捷,惟证以孟子所言,似觉证据未备耳。未知究以为何如。

　　艮峰曰:事天之学,亦事心而已矣,二语未免沿袭"心即理也"之误,衡以孟子存心养性之旨,语意实不完备。以一时之见,轻易立言,盖虽一字之微,而粗疏苟简病痛已不少矣,不经指示,何由知之耶。

　　圣人乐,庸愚亦乐,学者苦中求乐。圣人纯理故乐,庸愚纵欲,乐其所乐,学者理欲交战,以理胜欲而后乐。予悲夫芸芸者,日居苦境,而以为乐也。

　　朱子言:"通天下只是一个天机活物,发用流行,无容间息。"盖必养得此心周流无滞,始见得天机活物,流行不息,真是睁眼便看著,入耳便听著,蹴著、碰著无非这个也。"维天之命,于穆不已",盖曰天之所以为天也。"于乎不显,文王之德之纯",盖曰文王之所以为文也,纯亦不已。

自信不坚,便有多少摇夺,独立不惧,非勉强可能。

不见人己,一顺乎理,须认清理字始得。

心不苟虑,必依于道;身不妄动,必依于礼。衾影不愧,念兹在兹。

以尧舜责君,自己先不作禹皋事业,①即是欺。前以此语涤生侍郎矣,自问如何。

与人交,当舍短取长,如披沙拣金,所重在金,而忘其沙之多寡。思直斋语,化一褊见。

养浩然之气,要说一直说去,要作一直作去,利害生死,一不足以动其心,方是丈夫。

---

① 自己先不作禹皋事业:不作,摘抄本作"不能作"。

吕忠节云:"人当思不愧天地,不愧父母,不愧圣贤,勿向俗人面孔作生活。"旨哉斯言,增我气力。

察毫末不见舆薪,精神有到有不到,详于细必忽于钜也。是故君子务其远者、大者。

心髓中查滓,须搜剔廓清。

程子言:"《西铭》备仁孝之理,须臾而不于此,即不仁不孝。"真说得亲切警动。

违曰悖德,言不循天理而徇人欲,是不爱其亲而爱他人也。人能事天如亲,不敢违悖,则念兹在兹,而他人之爱乌能间之。

《序卦传》上篇,人能复于善,则道心为主,存诚不杂以私,故次以无妄。无妄则念念循理,事事循理,畜德必大,故次以大畜。德既畜积,必从容涵咏,优游充养,故次以颐。有养方有为,不养则不可动,故次以大过。凡大过人之事,非有养者不能也。圣学工夫尽此矣。

言行不顾、表里不符，吾谁欺，欺天乎。

《序卦》下篇，巽者，入也，入而后说之，故受之以兑。学者虚心巽志，沉潜体会，始知理义之悦心。此心非用道理浸灌熟透①，终是枯燥。

吸嘘、语默、作止、昼夜、生死，只是一个阴阳之气，屈伸往复，而理在其中，朱子不杂不离最说得好。

见利不动，颇觉泰然，继思所以不动者，以前局已定，不能变计耳。事事斩钉截铁，壁立千仞，则不为区区外物所摇。

非道不说。虽是勉强拒绝，说根仍在，终不免小人之归。

以言感人，其本已浅，若复不诚，更何能济。

---

① 此心非用道理浸灌熟透：摘抄本作"此心非人在道理里浸灌熟透"。

不乐闻过是大病。

入告之言,自反皆是愧怍,然不得以自歉而遂止也,加励焉而已。

隐微中往来起伏,毁誉祸福,其大端也,用力制伏,虽不至大段为害,究非天清地平境界。

徐龙溪来书云:"我辈必有一段特立不拔之志,辅世长民之志,利害祸福付之度外,室家妻子迸之国门,而后为所欲为,庶可方古人于万一。只凭此全副丹心,满腔热血,何地非国家之土疆,何民非朝廷之赤子,认真做去,到处皆坦途也。古大人天下一家,虽立功异域,直如厅堂之趋厩,又何荒凉之足叹哉。"又云:"武侯集思广益,虽士卒亦加谘诹,在我有一段笃挚求益之诚,在彼自有一番推陈出新之见。虞帝好问好察,古今所以称大知也。"良友箴规,敬铭腑膈。

唐李绛对宪宗曰:"谏者皆昼度夜思,朝删暮减,比得上达,十无二三。"然则人臣进说于君,敬慎之心不可无,畏葸之情不可有,外托敬恭之谊,内怀瞻顾之私,臣罪所以当诛也。

学问思辨行，缺一不可，一事然，事事皆然。

要说一直说去，要作一直作去，这气便浩然，该说底便要他头也要说，此种语言最长人气力。

石斋金台辈言不易入，究是悻气之过，进言者总宜陆宣公为法。某谨识。

偶阅魏伯子祥语，大有启发。其云：人性各有一弊，而皆取其似美者以自慰，此之谓自欺。

人疑我，不可欺；人信我，愈不可欺。欺人者，自欺而已矣。

纳谏进言，在我有爱莫助之之诚，将以如不得已之意，然后吾之本心可以无罪悔也。（以上三条伯子语）

谕咸儿：日记功课，收敛身心，不可间断。龙溪在汴，可时亲近，此老气豪心热，识议宏阔，足以振起委靡。见上官、临词讼,便觉气怯,此学养不足之故。理足气充,自不馁矣。曜田在京,须极力学俭,切不可向人告贷,有伤廉耻。格已完娶,慎勿躭废志气。忆予毕姻时,汝大表伯手赠一联云:"莫以新昏移少慕,还将正始验齐家。"至今思之,深愧斯语。格也勉旃。州县用人为要,约束愈严愈好,惟不可刻。昨有敬陈治本一疏,本程子"君志定,而后天下之治成"一语立论,未知如何以入告者,反而自纠,语语皆是愧怍,亦只是见到说到,少尽愚忧耳。

覆龙溪书,引魏伯子"自谓性直,必粗暴之气未除也;自谓性朴,必鄙倍之气未除也;自谓守理,必矫僻之气未除也"数语,意效忠告。又宣讲圣谕,变易夷风一节,此地以廉静不扰为先,回俗深痼,殆难理谕。宣庙曾有绳以礼法徒滋纷扰之谕,诚以治贵,因地因人,不可执一而论也。

一言而败人终身,断断不可出口。

一事以为妥矣,思之仍多未尽。理以辨而出,心以用而灵。智浅术疏,不能诣其极者,日用不知多少耳。

人要将一身看轻,伯夷饿死,比干谏死,轻故也。然为天地立心,为生民立道,以一身植万古之纲常,轻之正所以重之。视世之营营戚戚,与飞潜动植同生同灭于大化之中,于世道毫无裨补者,其轩轾为何如也?有志之士尚其勉之哉。

春生秋杀,不可偏废,看子"温而厉",圣人何尝一味是温。

取讥诮之言反而自责,始知利心少留查滓,悔吝所由丛也,安得日闻此以攻吾过乎?

不见是而无闷,意气是闷字之根。

尽心焉耳矣,天下事岂能尽如我意。

甑破不顾,入道所以贵勇也。

治心之功,处处是动忍实地。

性命，吾家也，天予一分上好田园，奈何弃之。

认得诚字真际，工夫方滴滴归源。天命之性，实是纯粹至善，后起者不得丝毫相参。入圣之门，达天之路，其在斯乎。因思朱子所云："性善是第一义，于此看得透、信得及，当下便无一毫人欲之私作得病痛。"是实语也。

诚者天道，思诚者人道。故程子言：忠信所以进德，君子当终日乾乾，对越在天也。又言：多少大事，而只曰诚之不可掩如此，夫彻上彻下，不过如此。此是贴皮贴骨说话，人心不诚，便与天隔绝了，微乎危乎[①]，安得不终日乾乾乎。

《通书》言诚，曰静无动有[②]。注谓静未尝无，以未形，故谓之无耳。念台谓无妄亦无诚，便不是。

陈文恭曰："今之为官者，谨饬有余，亲切不足。"可云切中。不亲切者，不仁也，为己念重，为国念轻也。以为己之心为国，则亲切矣。

---

① 微乎危乎：摘抄本作"危乎微乎"。
② 曰静无动有：摘抄本作"曰动无静有"。

师道立，则善人多，圣学明而后师道立。道之不修，教何有乎。

志大学精，如伊尹之耻其君不为尧舜，一夫不获其所，若挞于市；颜子不迁怒，不贰过，三月不违仁，可以为人矣。

士希贤，以不及贤为耻；贤希圣，以不及圣为耻。耻激于中，而由思通微，以至于知几其神，总由一念奋发起。

仁义礼智四者，动静言貌、视听无违之谓纯，颜子拳拳服膺，孟子必有事，立则见其参于前，在舆则见其倚于衡，戒慎不睹、恐惧不闻，纯之谓也。

学善劝不善，故君子悉有众善，无弗爱且敬焉。读此，觉满腔恻隐油然而生，此只是虚见，须实做出方好①。

不善未尝不知，知之未尝复行，是真好学者。

---

① 须实做出方好：好，摘抄本作"算"。

生理本直,以其虚也,自物欲挠乱,虚者实而直者枉矣。《通书》曰:"一者无欲也,无欲则静虚动直。"程子曰:"不专一,不能直遂,学圣之功,非主一断断无济。"

见贤思齐,见不贤内省,因人观我,处处获益。

君子乾乾,不息于诚,然必惩忿窒欲、迁善改过而后至。晦翁谓惩窒迁改皆是动边事,须于方动之前审之。窃意诚者性命之源,流行不息,君子乾乾之心亦不息,忿也、欲也、过也,诚之障也,如水中滞碍之物,去之而水始流通也。惩窒迁改,于初动时著力,才动即觉,才觉即去,不令碍我不息之体,此终日乾乾、对越在天之学也。

将心髓中物欲查滓打叠净尽,不挂丝毫,在天地间光明正大作个人,岂不快哉!

认定是处去做,万夫挠之不变,雷霆震之不惊,破除情面,直任性真,定要十分用力。

职分不尽,空谈学问何为。

内而遏欲去私，外而除奸剔弊，为己为人不同，其仁一也。

开诚布公，以求济事，破除情面四字，宜时时在意。

恶人贪酷，闻之气愤填膺。汝承天子命，畀以边陲重任，乃纵容豺虎，荼毒生灵，一旦激变，贻宵旰忧，此罪尚可逭乎。除暴安良，予意决矣。

病在麻木不仁，若有一副恫瘝在抱真心肠，当不至如此淡漠。因思龙溪之言，字字药石，何地非国家之土疆而任其滋扰乎，何民非朝廷之赤子而恣其侵渔乎。

集思广益，要虚心，又要定见。

曾拟谕属官文，须思爵位廉俸，朝廷何为优我？奔走供应，地方何为奉我？若不作几件有利于国、有益于人之事，上何以对君父，下何以对赤子，清夜扪心，能无滋愧。且我辈作官一场，毫无好处，百年荏苒，宝山空回，不可惜乎？官不在大小,存好心、行好事,微末亦可流芳,不然,即官居极品,又何足贵耶? 云云。即今思之,只是空谈,责人意多,反躬意少也。

知一理,行一理,始得。

客气每缘正气而生。

由一念之仁推之,念念皆仁;由一事之义推之,事事皆义,心体庶几圆满。

到此已及一载,坐视无辜之众罹此荼毒,今虽省见天日,冤死者已不知凡几矣,罪己责躬,既愧且痛。

英气害事,能浑含不露圭角为妙。此薛文清公语。然公不谢三杨,长揖王振,风节何凛然也。不可浑含处,正不嫌露些圭角,勿糊涂颟顸。

以机巧为才能,顽钝为德量,因循废弛为镇定,随俗浮沉、不辨是非为宏通涵养,总之是无人心。

斩除一切葛藤,乾乾净净,凭一个正大光明心行去,何等坦然。

经一番阅历,长一番学识,今而知圣主造就之恩,天高地厚也。

自经磨厉,知本领著实平常,素日讲论,皆自欺欺人,可耻可恨。矢自今打起精神,填补缺陷,勿令后之视今,又如今之视昔也。

矫气质之偏,救时势之弊,宜严不宜宽。

时思损己利人。

与某世兄言,少年人第一要将利心打破,立志向上,勿齷齪汩没一生。

诚字做不到,更无话可说。

每逢佳节倍思亲,今日只益痛耳。(端午)

近日将一切牵缠尽行斩断,颇觉优游自在,从此益加淬厉,庶有为人之望乎!

随在循分自尽,牵缠自少,若有意斩断牵缠,以图优游,与佛家何异。原评。

吴竹如曰:一切牵缠,乃计较利害之私,尽行斩断,实克己之力,优游自在,亦寡欲之验。而尤必益加淬厉,正非仅图优游,于此而竟病其有意,恐反不能无弊,如谓循分自尽,牵缠自少,是初无待于克治也,岂容易言。

朱子一生难进易退,刚正之气独往独来,真大丈夫也。

虚心受益,人皆我师。

爱人敬人之心,必令充满,有一毫鄙薄人不足为善之意,即是大不仁。咸儿之言是也。

尽著克己,尚自气质为害,可知为人之难。

知其不可而为之,亦看义理如何。朱子见韩侂胄专权,草疏数万言,极陈奸邪蔽主之祸,因以明丞相赵汝愚之冤,欲上之,筮得遁之同人而止。岂畏祸哉,揆时审势,知不可以口舌争。一身所系,有什伯重大于此者,则莫若留其身为万世计,何为悻悻然,以无益害有益也。始激于义而欲言,继权于义而终默,皆天理也。后人妄为訾议,乌足以知晦翁哉!然此等处,畏刀避箭者不得藉口。

为人书扇云:养刚大之气,顶天立地,在世间作个好男子。舜何人,予何人,有为者亦若是。要说将第一等让别人做,且做第二等,即自暴自弃也。

本原上不清楚,不能有为。

天地生物,各无不足之理,理上欠缺一分,这一分便非人,处处欠缺,但空生空死,空吃世间茶饭,空长这个人形而已,试思及此,安耶否耶?

处事求情理之平。

覆俞子襄相学使:《小学》课士,诚根本要图,贤宗师力行倡率于上,风化感孚自必捷于桴鼓。《近思录》详义理精微,天德王道一以贯之,《小学》而外,似可进以此书,令士子朝夕讲贯,实践躬行。足下按试之时,为之谆切讲明,诱掖奖劝,俾得循涂守辙,咸知希圣希贤。师道立则善人多,善人多而天下治,讵惟中州人士之幸已耶。

曹滇池《夜行烛》一书为谕亲而作,命名既觉未安,序中措辞亦失善则归亲之义。

前因子襄有奏请从祀之说,不能无疑于此,故及之。自注。[①]

月川醇处极多,《夜行烛》一书不足以累之。原评。

吴竹如曰:此书未及见,亦未得读《月川全集》,然月川为有明理学开先,学术极正,其能谕亲于道,尤不可及。至《夜行烛》命名之失,序中措辞之未安,亦不可掩前。人各有论定,似当分别观之。

心逐于事,驰骛飞扬,大欠学力。

---

① "自注"二字据摘抄本补。

以美利利天下,不言所利,学须是法天。

韩魏公咏雨云:"须臾慰满三农望,收敛神功寂若无",有一毫矜伐之意否。

朱子《山陵议状》云:"以子孙而藏其祖考之遗体,则必致其慎重诚信之心,以为安固久远之计,使其形体全而神灵得安,则其子孙盛而祭祀不绝。"观此,知溺术家之说,久而不葬固为非孝,若夫草率苟简,委亲于水石蝼蚁之区,而绝无顾虑者,其忍心又何如哉。

澈底澄清,为地方兴利祛弊,先从自己身心澄清起。
未有身心不清而能兴利除害者。原评。

心小胆大①,心小则精详,胆大则宏毅。

只要无愧天地,祸福利害不计也。

---

① 心小胆大:摘抄本此前有一"彻"字。

识胆定须炼,不炼则浅而嫩,一遇事便考倒了。

读书取友,为效甚大。

天之明命,著落在仁敬孝慈,常目在之,则日用之间无少间断,时时事事皆天命之流行矣,此明明德之实功也。

日新之学,紫阳推本于敬,伊尹告太甲曰"终始惟一,时乃日新"。惟一,敬也,圣学所以成始而成终也。

朱子告君,谆谆于天理人欲之辨,诚善格君者,非仁义不陈于前,晦翁有焉。

终身之丧,忌日之谓,此日忘哀,他更何言,因是以思不孝之罪,更有大于此者而已,抱恨终天矣,痛哉。

答李强斋前辈来示云:百孔千疮,无可自信,足征省察深切之功。窃意学是乐境,非苦境,不自信是进境,非退境。苟于大本处见得分明,日用间自有一段油然自得之趣,欢欣鼓舞之机,小小病痛当不攻自破。朱子所云"性善是第一义，于此看得透、信得及，直下便是圣贤，更无一毫人欲之私作得病痛"是也。若惟是弥缝罅漏，不能拔本塞源，虽使苦心劳力，终合不到本体上。前云"气象促迫，舒快意少"，正是谓此。阁下以为何如。

自私自利，天下事尽坏于此。

谕咸儿以除暴安良为务，御隶尤宜从严，鉴于目前之事而言也。

朱子谓事有本末，正其本者，虽若迂缓，而实易为力；救其末者，虽若切至，而实难为功。然则本之不图，而张皇补苴，亟亟以救一时者，皆无利而有害者也。

又答强斋屯田之说：新畺南北情形不同，伊犁平定后，禽狝草薙，靡有孑遗，故迁关内之民以实之，设郡县、教树艺，与内地无异。回疆犹是花门故壤，旧德先畴至今为业，且戈壁重重，汉民惮其修阻，招致不前。兵屯曾有两处，嗣以不谙耕作裁撤，盖屯兵非挈眷不可，昨年有改防为眷之议，诸多窒碍，事不果行。地土虽宽，惟恃雪水浇灌，（雨泽甚稀，多则伤稼）水少田多，必须间年歇种，从前有招回子开垦者，贪一时之功，科初升而田已芜，大为民累。天下事言易行难，古人议论往往听其言则美，施于用则疏者，非身亲目击不知耳。

朱子规南轩，沉密气象未足，所发多暴露而少含蓄，以此虑事，恐视听之不能审而思虑之不能详。又云：举措之间，以一人言而为之，复又以一人言而罢之，从之轻则守之不固。自省亦有此失。

末俗易高，若与圣贤比较，矜心自化。

答王小樵世兄：前岁徐龙溪在都，曾以存正心、读正书、近正人相勉，足下极称道之，铭诸座右，足征好善之诚，此语随时随地皆可致力，望时留意也。

苏明允谓权衡之论为仁义之穷而作，不知权衡即仁义也，在人为仁义，在天为阴阳，仁义有穷，则阴阳亦有穷矣，宜晦翁深斥之。

士大夫辞受出处，非独其身之事而已，其所处之得失，乃关风俗之盛衰，尤不可以不审。吾人进德修业，乃国家治乱所系，非但一身之荣辱得失，人须有此见识，方不薄于自待。

闻言未尽便驳斥，心粗气浮，屡蹈而不知也。

复宗甥：人心巧诈，钻干成风，正须审扎脚跟，硬地行、从好路去，切不可随人转移，失其素履。福咸在汴，宜大家规劝时，亦以此意相勉。

胸中杂一毫为名意，即是大累，要打叠净尽。

惰慢生邪僻，一念之偷，群邪纷起，可无惧乎？

整齐严肃是大段工夫，提撕唤醒是接续工夫，如戒惧慎独是也。

待人亲切，即是自待亲切，验来如此。

成己成物是一统事，不能成物，即性分有亏。昔人云："明德工夫，在新民上验。"

"昊天曰明，及尔出王；昊天曰旦，及尔游衍。"无处非天，无时可不敬也，"上帝临女，无贰尔心。"

朱子上留丞相书云："亟求天下学士大夫之有学识气节者，相与谋之，先使上心廓然，洞见忠邪之所在，而自腹心耳目喉舌之地，皆不容有毫发邪气留于其间，然后天下之贤可以次而用，天下之事可以序而为也。"此理自不可易，讲学穷理，则忠邪之辨明，又必辅弼得人，而后众贤汇进也。

朱伯韩侍御戒予曰：气不刚，作事便不足色。信然信然。

有主则实，敬也。敬者德之聚，聚是实，无隙可乘，邪何能入？千病万病，都缘无主则虚。

朱子与陈同父书云：留取这个闲汉，在山里咬菜根，与人无干涉，了此几卷残书，与村秀才寻行数墨。此语看似寻常，只此是名山事业，耕莘、钓渭，真本领也，一腔热血，全副丹心，仰前哲之风徽，增寸衷之惆怅。

"正其谊不谋其利，明其道不计其功"。即此是天德，亦即此是王道，功利重而道谊轻，不是小患。

朱子忠爱之性，启口便见，一仁心之流露也，本原上透彻，流即是源，不透彻，流只是流。

人非高著眼孔，有奋乎百世之思，世间一种习熟窠臼，浅俗识见，便足缚束一生，作事业不出。噫！蔽也久矣。

追思既往，多少憾事，惟知过必改而已。

朱子答人问恕云：如心为恕，如恶人被排击、遭退斥，岂彼心之所欲，今乃施之于人，又何以为如心乎。窃意，恶恶人而去之，是为受其害者著想，所谓恶以全其爱也，即恕也。

吴竹如曰：恶恶人而去之，不待为受其害者著想乃为如心之恕，盖如心者，如其本心也，故曰无忠做恕不出。人虽穷凶极恶，本心之天理，固有时不容尽泯，其不欲排击退斥者,私心也。反之本心,实未尝不自知其当排击退斥矣。观于宋之元凶劭,亦其明征也。

有过始悔,悔复不切,无痛心疾首之情,悔时已搀杂文过心在内了。

有高视阔步气慨,又要有细针密缕工夫,不然只是粗豪。

圣人无窘步,至诚知几,早洞悉屈伸往复之理,起脚一步便四平八稳,不似人到棘手时旋张皇补救也。

坡翁帖云:吾侪道理贯心肝,忠义填骨髓,直须谈笑于死生之际,事有可尊主庇民者,便忘躯为之,祸福得丧付与造化。此段说得好,录之以广吾意。

因人证己,多少不济,处处皆学也。

近日遇事,量狭气轻,少一段战兢惕厉之意,大须操持。

人而不仁，疾之已甚，乱也。疾恶太严，无矜恤含容之意，是亦不仁也。心与物敌，物遂与我敌，其致乱也宜哉。

打叠此心，无一毫闲思杂虑，最难。

徇众好、畏人言、顾情面，龙溪三言极为对证，矢自今竖起脊梁，破除一切，作一个铁面冰心汉子。

有排遣心，可知学无所得，利害祸福有打不过处。

作事谨其始，所以虑其终，所谓永终知敝也，不谨于初，后必有悔矣。近始看得斯言入骨。

为国为民，此心实可质诸鬼神，将来如何自有定数，非人所能逆睹也。

拂逆之来，正进修实地，藉此策厉，勿负上天玉成。

谦益满损，消息甚微，心气粗浮，乃成梦梦。

敬则和乐,肆则乖戾。总是一个感与应而已。

凡事不可取巧。

气不可馁,亦不可轻,静以养之。

朱子曰:讲学正要反复研穷,方见义理归宿,不可只略说过便休。说过便休四字是予病。

朱子曰:此学不明,天下事决无可为之理,盖学不明,则人心痼蔽,理欲混淆,①尚有何事可为。故兴学育才,明义利之辨,是为治第一义也。

是非定要分明,此格致实功。

曾子易箦,因季孙之赐而用之,终是未能无失,然举扶而易之,遂冰消冻释。君子过则人见,更则人仰,只要有冰消冻释时耳。

————————

① 理欲混淆:摘抄本作"是非混淆"。

即知用之不义，何待疾革？然则无童子之言，曾子遂以不义终乎？《檀弓》之言多未合于圣贤分际，不足深辨也。原评。

吴竹如曰：前评尚论有识。张杨园先生亦尝深辨之。惟程子则云：易簧结缨，有行一不义而得天下不为之心，今谓举扶而易之，遂冰消冻释，君子只要有冰消冻释时，俱看道理极精密。然则姑存此一事，实足廉顽立懦矣。

恩欲归己，怨则归人，非厚也。

日用间常切检点，气习偏处，意欲萌处，与平日所讲相似不相似，就此痛下工夫。

未感物时，若无主宰，则亦不能安其静，只此便自昏了天性，不待交物之引然后差也。（以上二条朱子语）

章拯官司空致政归俸，余止五百金，犹为从父枫山所责。（枫山曰："汝作一场好买卖归也。"拯大惭。）清白家风，洵堪千古。

但尽职分当为，莫计后来天命。

圣人乐天知命，何等洒落，悲天悯人，又何等肫切，总之是天理流行，物与无妄而已。

人性各有所偏，偏于刚者尚激烈，偏于柔者尚和平，气质为主，义理亦参见于中，非致知穷理，乌能无过不及乎。

会得曾点胸襟，何时非春，何地非雩沂，何人非童冠，活泼泼地无人而不自得。然此只是虚见，致知力行，使义理日益精密，践履日益笃实，方不至流于庄老。

看未发气象，姚江有一段说得紧切，云：此是教人用戒谨恐惧工夫，正目而视惟此，倾耳而听惟此，洞洞属属不知其他，即程子敬而无失，即所以中之意。

吴竹如曰：释子工夫，取法于猫之捕鼠，朱子尝述之以励学者，以为用志精专之证。姚江之说亦精专之谓，即《传习录》所谓"神住则气住，气住则精住"之旨也。取其语以证"敬而无失"则可，谓即程子"敬而无失即所以中之意"则未可。昔朱子初有取于延平体验未发气象，而终谓有偏者，诚虑人于此误认气为理耳，其防弊之意深矣。盖理无形而气有迹，未发时，气未用事，初无端绪可寻，此汪双池石中有火喻为最精也。必于此时看其气象，遂至认气为理矣。姚江之误，实在于此，故其言则是，而其旨则非，要亦戒惧其所戒惧，而认心为性而已。

万思默云："养神之道，全在收视，收视者，不欲尽视也。"语曰："平视则心柔。"极有味。又曰："道心惟微，微便细腻，圣贤兢兢在微处用功，所以气平色和、动心安详而吉。"录此以医轻躁。

吴竹如曰：专以养神为说，恐不能无弊。

道心惟微，谓其微妙而难见耳，非用心在微处，而欲道心之微也，似亦误解。

吕申公夫人谓，与公为夫妇，未尝见有嬉戏之容。胡余干对妻孥如大宾。几微隐约之间，愈严愈密，我独非人，乃暗室自欺耶？何以学为矣。

信道不笃，故操持不固，真知斯道为性命之不可离，得之则生，弗得则死，自当专心壹志以求之矣，尚肯如斯泄泄耶。

通下情是居官要务。

吕子约云:恻隐、羞恶、辞让、是非,操存久则发见多;忿
懥、好乐、恐惧、忧患,放舍甚则日滋长。体验有得之言。

观古人友爱事,喟然兴感,兄既长已矣,求如温公之事
伯康,不可得已。弟自筮仕湖湘,雁序分飞,已逾十载,天南
地北,棣萼堂中何日卧姜家大被,怅望云天,欷歔久之。

戒慎不睹,恐惧不闻。立则见其参于前,在舆则见其倚
于衡。战战兢兢,如临深渊,如履薄冰。体此数语而实加功
焉,则尤悔可寡矣。

方正学为宋景濂高弟,濂卒,每私居,念及或谈及濂事,
辄涕泣,每舟次夔,必往祭墓下,恸哭移时乃去。予师王皞
民先生,殁后家贫子幼,音问难通,师恩未酬,对古慨叹。

雪斋曰:记得皞民先生系新安人,予于壬午岁晤之于
汴,见其古道照人,和蔼可亲。后闻吾兄待之甚厚,今又念

及身后,足征道契。可以风世矣。雪斋。[①]

陈杏江给谏疏请朝廷开诚布公,事事与天下相见。引陆宣公疏云[②]:"悔罪之意不可不深,引咎之辞不可不尽,宣畅郁湮不可不洞开怀抱,荡涤瑕垢不可不洗尽瘢痕。"数语极切至。

涵咏诚字,觉得天人无二。"大哉乾元,万物资始",诚之源也,从源头识取,勉勉循循,时刻与天亲体,日用间真别无用力处矣。食蔗而甘,当益求进步。

不当言、不必言,却偏要言,浮嚣气盛,诚意失矣。

圣贤乐处,在去私存理,别无消遣之法,春风沂水,亦欲净理纯后自得其趣耳。

朱子仁说,以杀身成仁,让国而逃,谏伐而饿,不失此心

---

① "可以风世矣雪斋"等7字,据摘抄本补。
② "陈杏江给谏疏请朝廷开诚布公,事事与天下相见,引"等21字,据摘抄本补。

为仁,又以此心为爱人利物之心,何哉? 非以扶植纲常,留人心于不死,其爱利为尤钜乎,以此知义礼智信无非仁也。

吴竹如曰:仁分两解[1],心之德为专言之仁,爱之理为偏言之仁,其实专言之仁,即包偏言之仁,非能全其心之德,亦无从发为爱人利物也。凡杀身成仁,让国而逃,谏伐而饿,皆不忍自伤其天性耳,是即恻隐之心也,似不待推及扶植纲常、留人心于不死,而后见其爱利为尤钜。盖扶植纲常云云,乃旁观见得如此,在杀身成仁者,固未暇计及此也。亦惟知求得其心之所安,成就一个是而已,此所以不失此心而为仁也。

中和者,性情之德;寂感者,此心之体用。心存,则寂时是中,感时是和;不存,则寂然者木石而已,感通者驰骛而已。总在敬不敬上辨取。

敬字即是"致中和"致字工夫。原评。[2]

晦翁年七旬,病中伏枕,犹与友朋讲学,一字一句必求确义,诚所谓一息尚存,此志不容少懈者。

---

① 仁分两解:解,摘抄本作"路"。
② 此条日记的批语据摘抄本补。

纯公忠信所以进德一段,与《通书》首章水乳交融。终日乾乾,对越在天,如在其上,如在左右,彻上彻下,只是个诚不可掩,本体工夫十分透彻。总要实得于己,无一念一事不诚,方是进德真际。

浩然之气与乾元资始,浑然同流,程子引入此段,尤推阐得诚字意出也。

天地间实理充塞,无纤毫空缺,无一息间断,君子体此,进德有空缺间断,便与天地不相似。

友人云:"日间只问忠信二字作得几分。"至言也。然须识得诚字根源①,方作得贴皮贴骨。

谢氏生重于义,舍义取生,昔人非之,当生则生即是义,天下讵有当舍之义哉。义而可舍,生亦何益,是为偷生苟免者开一方便之门也,恶乎可!

---

① 然须识得诚字根源:得,据摘抄本补。

　　谢氏生重于义二语，似是对针荆、聂一流人说，彼徒知舍生为义，而卒悖于义，如曰死不合义，舍死取生，则得顺受其正之旨矣。其曰舍义固有语弊，其曰生重于义，看义字先欠的实，如以轻重较量，天下又安有重于义之事。附记待质，徐启谟识。

　　雷霆霜雪，皆所以为仁。知此，则知贫贱忧戚，玉汝于成。朋友讲习，辨析得义理出，亦鼓舞得志气起。

　　涵养功疏，客气形于词色，以理胜之，始觉浪静风平。

　　《通书》言"诚无为"，言"诚则无事"，又言"寂然不动者诚也"，总从主静讨消息。

　　吴竹如曰：言主静犹可假借，故程子只用敬，不用静。敬则自虚静，此深于见道之言也[①]。

　　吴必大说祖考来格义云：祖考之遗体，具于我而未尝亡，是其魂升魄降，虽已化而无有，然理之根于彼者，既无止

---

① 　此深于见道之言也：见道，摘抄本作"阅历"。

息,气之具于我者,复无间断,吾竭诚以求之。此气既纯一而无所杂,则此理自昭著而不可掩,此其苗脉之较然可睹者也。此理甚精。

吴竹如曰:朱子答廖子晦书曰:气之既化者,其既散而无有矣,而根于理而日生者,则固浩然而无穷也。即此意。

寂时不偏倚否,感时不差缪否,澄心渺虑、密审精参,和乐是心之体,所谓满腔恻隐,盎然若太和元气,流行于天地之间也。精明是心之用,所谓在我之权度,精切不差,截然若万物之各正其性命也。大处要扩充得开,细处要察识得尽。

圣人之言,经纯公拈出,便意味无穷。如云:言忠信,行笃敬。立则见参于前,在舆则见其倚于衡。质美者明得尽,渣滓便浑化①,却与天地同体。居处恭,执事敬,与人忠,充之则睟面盎背,推而达之,则笃恭而天下平。鸢飞鱼跃,与必有事焉而勿正,心勿忘、勿助长,同一活泼泼地。此类甚多,见深造自得,左右逢原之乐。

---

① 渣滓便浑化:渣,原作"查",据摘抄本改。

耐烦著实，就自己分上，见善必迁，知过必改，不可计近功、求速效。

诚实理，信实心，以实心全实理，信即诚也。

浩然之气即天地正理，上天之载不可见，因人而见，故程子以为诚不可掩也。

将道理侊侗看了便休，只是粗谩，便作得就，亦是捺生作熟，久远毕竟无味。朱子斯言，深切病痛。

延平每教人静，其云："学为私欲所分，故用力不精，须打断诸路头，静中默识，使泥滓渐渐消去。"又云："静坐看喜怒哀乐未发气象，不惟于进学有功，兼亦是养心之要。"又每言"脱落融释"。皆吃紧为人语。

吴竹如曰：延平充养完粹，自是得力于静，已到融释脱落地位，故言之亲切有味。至看未发气象，虽是其一时入处，毕竟非学者通法。朱子于行状虽尝取之，然晚年答门人之问，则谓这处是旧日下语太重，今以伊川之语格之，其下工夫处亦有些子偏重。又曰：若一向如此，又似坐禅入定。

又曰：罗先生说有病。程先生只说敬，不说静，为平正。又曰：讲学不可有毫发偏。其论精矣。后来整庵言：中须有形象，有形象则可求。又曰：学者灼见其直上直下，如一物在目，斯谓知性。直斋云：无底要硬想成有底，是皆宗法。看未发气象，不能无弊之征，正不仅为谈姚江之学者所假借也。

温公告元城存诚之功，自不妄语始。窃意诚意先致知，诚身在明善，善不明、知不致，恐有当语不语、不当语而语者。温公之言或因人而发，而未可便以为通论乎？自验妄语多由不诚，此言自当服膺。

吴竹如曰：温公此语，世共服膺，指出明善致知，实能补前贤所不足。温公之学，一生致力于诚，而明容有未至，观其取陈仲子而反疑孟子，元城亦力攻伊川，未始非欠却明善致知工夫也。

习心滑熟，不用力，仍从旧习去，此无他法，只在敬上加功。

何以窒欲曰思，思者，节情复性之大机也。非知几谨独,何以与此。

以至尊至贵之心,为声色臭味所役,此最可耻。而不耻者,志不立也,贵志则耻生①,耻生则欲去矣。

性失之宽,矫厉一时,逾时仍是故态,气质难变如此。

窒欲贵思要已,无如防检疏则不及思,物欲乐则不愿思,以理傅欲视为当然,则以为不必思,于是人欲肆而本心之德亡矣,哀哉。

名心深入骨里,往来起伏,都从这里生出,猛省割断,顿觉爽洁。

小人为不善,无所不至,只是发端处漫无觉察,浸淫流溢,遂至于此。

何子永舍人云:日间择之不精,守之不固,稍纵即逝之

---

① 贵志则耻生:贵,原作"责",据摘抄本改。

间，不知蹉跎几何，信然。

仁统四端、兼万善，故圣门言仁，恻隐、羞恶、辞让都少是非之心不得，故圣门言仁复言智。

外物不接、内欲不萌之际，心体湛然，万理皆备，是乃所以为纯于善，而无间断之本也，此际正好存养。

凡物欲习染，血气用事处，皆与禽兽相似，人能跳出禽兽一关，煞不容易。

汉赵苞弃母全城。程伯子、方正学皆以为不知义。夫鲜卑劫母以胁苞，苞能以计取之诚善矣。否则，啖以重货，以母为请，如正学所云，贼未必不从也。彼或不从，苞宜表请于朝，陈情乞代，朝廷怜而许之，匍匐见贼，涕泣哀恳，母存与存，母亡与亡可也。委曲求全，岂遂无术，奈何委亲于贼，攘臂而不顾乎。如苞者，虽善守官，亦圣人之世所不取也。

吴竹如曰：陈情乞代，必俟朝廷之命，恐缓不及济，似宜择可任之人，以城付之，表请于朝，而身先赴难可也。

正学谓使亲死于寇,虽可以存天下,君子犹不忍也,况一城乎,此似不合情事。朝廷土疆官守所在,岂若舜之海滨可处,视天下如敝屣哉。

吴竹如曰:记得朱子论此事,谓宜权其义之轻重,如所当之任系宗社存亡,则以徇君国为重,若所守之职仅边方一城,则以急亲难为重。一时不能忆其语之首尾,容检出再为考校。[①]

事误于初,难善于后。朱子曰:"须思虑到人所不思虑处,防备到人所不防备处。"

天地之理,圣人之心,诚而已矣。故学贵求诚。

朱子讲诚者物之终始,始而未诚,则事之始非始,诚至之后,其事方始。终而不诚,则事之终非终,诚尽之时,其事已终。甚精。

狷薄机巧隐中于心术之微,可怕可怕。

---

① 容检出再为考校:日本记"容"后有"俟"字。

人之所以异于禽兽者几希，几希，道心惟微之谓也。圣贤兢业一生在此。

程子心如谷种，生之性是仁，阳气发处乃情也，即张子心统性情之意。

陈太邱吊张让之丧。袁了凡谓：苟可以扶善人而恬小人之心，虽污其身亦为之。黄勉斋曰：士君子立身行己，有义有命，若善类是，真丈夫岂畏宦官之祸，而藉太邱之屈辱以全其身哉。此等处要见得分明，方不堕落坑堑。愚窃以黄说为然。

吴竹如曰：了凡之论，是为从井救人。

言行相顾，顾字是君子笃实为己真精神。

继之者善。程子所言与《易》异，《易》指造化流行言，程指人生以后言。

人生而静以上不容说，上天之载无声臭也，成性以后，便夹杂气禀在内，不全是性之本体矣。

280

无德无威，陷人于恶，汤文正抚吴，能令贪吏革心，自反有余愧已。

程子"无妄，天性也，万物各得其性，一毫不加损矣"，与濂溪言诚处，直是一鼻孔出气。

以心穷理，惟洁净始能精微。

张子曰："一故神。"《通书》曰："感而遂通者神也。"惟一故通，不疾而速，不行而至，有莫知其然而然者，要之，是一个诚。

以料事为明，骎骎入逆诈亿不信中去，^①大为心术之害。

程子曰："性即理也。"朱子曰："灵处是心，不是性。"此言颠扑不破。姚江以良知为天理，则认心为性矣。又云："良知即至善，即未发之中。"总是认心为性。《大学》至善，

① 骎骎入逆诈亿不信中去：逆诈亿，摘抄本作"亿诈道"。

如仁敬孝慈之类,若云良知即至善,则明德、新民、在止于良知,通乎? 知是发机是非之心也,即伊川"既思既是已发"一言推之,思是已发,知岂可云未发,义理未安,不免滋后人之惑。

本天之学,要消化这个我字,故心益敛而理益明;本心之学,要主张这个我字,故心益放而理益昧。

认定一个昭昭灵灵底心,把持玩弄,以为把柄在手,俟千圣而不惑,再不下小心穷理工夫,陆王之学得无近是?

莫笑人不能自全,问自己立身无玷否。

徐太仆疏云:"清明之志气,在宫无异于在廷;端肃之风裁,在内聿符乎在外。衽席之上,天命流行,盛德大业,实基于此。"名言可佩。

荀彧之于魏武,杜牧讥其教盗穴墙发柜,善喻也。杀身不足以存汉,亦不足以成名,昔贤乃踵范蔚宗之谬,以彧为仁,何哉。

吴竹如曰：李文贞极取荀彧，尝以朱子之论为过，而深为辨明，亦不可解。

天理明后，论是非方不谬。

志不是一时意兴，真知伦常道理，为性分固有，职分当为，朴实头作去，如饥如渴，念兹在兹，方是立得此志，电光石光何益。

昔人云：仁礼存心，必至于忠，而后自反之功始圆满。窃为转一语曰：仁礼存心，必至于忠，而常觉其不忠，而后自反之功始圆满。常觉不忠，始终一自反之心也。

不能化人于未为恶之先，自家有多少不是，可但责人耶。

体察群情，执不得一毫己见。

武侯开诚心、布公道、集众思、广忠益，凡有忠虑于国，但勤攻吾之阙，可以为法矣。

口里说著主一,当下已有驰想,身在此,心合在此,须勤紧收拾。

义理养心,人生乐事。

人只为看得天与人远,便无所畏忌,试思天命谓性说个天命,便如上苍亲手付与、当面诰诫一般,如何不兢兢奉持,惟恐失坠。"上帝临女,无贰尔心",说个临女,便如在上、在旁,时刻看著一般,如何不栗栗畏惧,时虞陨越。

人心中虚无物,则与天同体,才杂便隔绝了。

《居业录》云:"收放心只是敬,不主敬而欲收放心,东追西捉,愈见费力,纵捉得住,亦是个死的物事,不能具理应事。"又曰:"只恭敬则心自存,非是捉住一个心,存放在这里。"读书论事,皆推究到底,是穷理,非是悬空寻得一个理来看。敬斋得力于敬,故言皆亲切。

宽假之过,人己两损。

独立不惧，要先看立底是非，莫轻谈不惧，养成乖僻之性。

轻听妄发最害事。

穷理为要，不穷理而欲变气质，救过这边，倒在那边。程子所云扶醉汉是也。

好善则处之安，明理则循之乐。

温公论嵇绍事晋，苟无荡阴之忠，不免君子之讥。朱子曰：荡阴之忠，自不掩事仇之过。此言是也。绍惑于山涛之言，视王裒有余愧焉。

心与理不相安，虽有善念，只是一时提得，意味不能深长，养不熟不济事。

克己以穷理为先，见理明，看己字始细。

　　无沉潜入细之功，依稀仿佛，窥见些道理影子，随得随失，毫无实据，譬如梦食，醒后仍是枵腹，守此不变，终身只作得自欺工夫，不可哀耶。

　　见得义当为，决为之；利不可为，决不为，心下自肯自信，便是物格知至。（朱子语）

　　胸中凝滞不自在处多是欲，须先克去。

　　古来忠孝节义，都是笃实人作底。

　　遇事拣自家不利便处作，多半是义，（此朱子语①）然见大心泰，亦无甚不利便处，②求仁得仁，见乐不见苦也。

　　朱子此语，当亦是有为之言，不可以为定论。盖拣自家不利便，即是有意，说多半是义，尚有一少半不是义，岂有半是半非而可以为义乎。原评。

　　吴竹如曰：古人立言，各有意旨，非虚心体贴，不知此处义字系专对利字而言，特为学者显示以义利之辨。其云不

---

① 　此朱子语：四字据摘抄本补。
② 　亦无甚不利便处：无甚，摘抄本作"甚无"。

利便处多半是义,乃圣贤词不迫切而意已独至,正见义利不容并域而居,非必如前评所讥也。故朱子又尝言,凡事心疑其近利,即宜舍去,他日观之,当时虽极力痛舍,犹有未尽,初不忧过当也。是皆言趋义不可不力,去利不可不严也。此等处岂可不用意拣择,何反以有意为病耶。必以无意为高,恐犹是姚江余习耳。

晋卞壶不苟随时好,青溪之战故能舍生取义,父子捐躯。和光同尘而能执节不回者鲜矣。

知所不至之处,欺即伏焉以为之主,然亦有知愈精而欺愈甚者,实未精耳。

吴竹如曰:上截语极透彻,下截所言知愈精者,乃明于利害,非明于义理也。盖阅历深则计较熟,如晋文之谲,即由险阻艰难之备尝是矣。是其知原不从格物来也。

艮峰曰:此一段意指良知家言,谓其自以为知而不知,自欺实甚。窃意,知不从格来,自是姚江病痛,持此以论晋文,或未确否。

竹如曰:此论甚是,论学而援引晋文,诚未确。

自欺之心，愈勘愈细，非至诚乌能免此。

仁，人心也，言人之所以为心也。若以人心即仁，则非矣。

公而以人体之，故为仁，盖仁本大公之理，万物同原，只为各私其身，此意便成隔阂。诚能以身体之，克去己私，使吾心生生之理，与天地万物流通无间，岂不是仁。

知觉不在义理，一为庸愚之逐物欲，一为异学之弄精魂。

天理人欲，几微之间，正审端用力之地。

居己以安，而后可制天下之危；待物以诚，而后可通天下之间。

谢安燕笑而却苻坚，汾阳免胄以退回纥，用此道耳。

东山故示持重，矫情镇物，与汾阳忠诚待人似难并论。原评。

此评却是。竹如识。①

服食器用，才有牵恋处，即是欲，除得洁洁净净，方见无事之乐。

《知言》曰：莫大于心，患在不能推之尔；莫久于性，患在不能顺之尔；莫成于命，患在不能信之尔。不能推，故人物内外不能一也；不能顺，故死生昼夜不能通也；不能信，故富贵贫贱不能守也。

有亲爱兄弟之诚，则怒自不藏、怨自不宿。若勉强不藏不宿，必有鄙夷不足与校之情，大失亲爱之理矣。

不顺于父母，如穷人无所归。象忧亦忧，象喜亦喜，圣人之心纯乎天理如此。

心是天人交关处，一个至灵至妙底大机括，敛之一物不容，放之四海皆准，天下之至宝也。存养省察可无亟亟。

———————

① 此条日记的批语据摘抄本补。

吴竹如曰：专提一心言，恐为异学所假借。

人有以金求吕泾野先生居间者。先生怫然曰："奈何以禽兽待人。"初疑其言之过，此正是自家立脚不坚处，义利界上要辨得严、守得定，才近利便下达，才下达便违禽兽不远，如何可放宽得。

高忠宪云：欲根隐伏，世情随触而动，收摄来即有定贴时节，而气未澄凝，终非天性本来面目，千病万病，只是志不专一。此条是我现在光景。

人为万物之灵，中天地而立，岂不至尊至贵，时思此义，切莫放倒。

朱子曰：孟子道性善，只说得本原处，下面却不曾说得。气质之性所以费分疏，诸子说性恶与善恶混，使张程之说出，则许多说话自不用纷争。疑此即程子"论性不论气不备，论气不论性不明"之意。

性生理，心生气，气与理合，寂则浑然在中，感则畅然四达。生生之意,周流贯彻,无一息之不仁,实无一息之不敬也。

朱氏黻曰:"以义而杀,不害其为仁;以利而不杀,不免为不仁。"通论也。

理义悦心,有欲寡身轻之乐。

程子曰:"所谓万物一体者,皆有此理,只为从那里来。生生之谓易,生则一时生,皆完此理,人则能推,物则气昏推不得,不可道他物不与有也。"延平亦曰:"天地中所生物,本原则一,虽草木鸟兽,生理亦无顷刻停息间断,但人得其秀而最灵,五常中和之气所聚,禽兽得其偏而已,此其所以异也。"两段可参看。

吴竹如曰:朱子云:"论万物之一原,则理同而气异;论人物之异体,则气犹相近而理绝不同。"数语断制极分明,经汪双池阐发,亦极精透,似尤当参看。

性本是定底,著意定他,却不是。

吴竹如曰:此语极有体验。故朱子云:"定性字极诧异,性如何定,其实定性只是定心。"

易无思也,无为也,感而遂通天下之故。虽纷纭错综,太极之体自定也。程子曰:"万变在人,实无一事。"

中心和乐,四体自然安舒。

有所恐惧,不得放过作为,今日便就鼎镬、蹈白刃,看有甚怕处。

明道言颜子有自然之和气,不言而化者也。蒙于先生亦云。

作止语默,起居饮食,察其是非而谨守之,处处穷理精义,即处处持志养气。勉之勉之。

罗整庵云:"此心虽寂然不动,而其冲和之气自为感应者,未始有一息之停,故所谓亭亭当当、直上直下之正理,自不容有须臾之间,此则天之所命,而人之所以为性者也。"此意当静中参之。①

　　诚者命之道乎,中者性之道乎,仁者心之道乎。
　　五峰先生语。
　　吴竹如曰:朱子欲以三德字易三道字,似更精密。

　　仁字道理,经宋儒阐发,无余蕴矣,学者实下工夫,令有
诸己可也。

　　太极一圈,纯白无物,是即天地本然之性,所谓诚者,圣
人之本、物之终始而命之道也。识此谓之明善,体此谓之
诚身。

　　即身以验太极之理,知须臾离之不可也。

　　心无一事,惟至敬者能之。

　　严肃之气时刻不可少,不严肃便散漫了。

---

① 　此意当静中参之:摘抄本"当"后有"于"字。

前云:拼著穷饿,总要求心安理得,即今思之,实有理未得而心以为安者,何得瞒昧自欺。

读书苟且欲速,志即为气所流。杨园云:物至而人化物,灭天理而穷人欲,虽读书亦有之。正谓此也。

吴竹如曰:溺于训诂词章者,亦所难免。

圣人,人伦之至,只是个诚。亲实是尽得亲之理,义实是尽得义之理,序别皆然,五伦有多少不尽分处,是不诚也。

辨义利,要如太阿断物,立地分作两畔,丝毫不容相混,往既不可挽矣,来者定须努力。

处事如事外人,则心有余裕。

放这身子公在天地万物中一般看,则有甚妨碍,是多少快活人。所以多忧多惧,动辄滞碍者,只为将身子私看了,抬起头来,放开眼界,胸中自然松快。

吴竹如曰:评者谓是排遣语,入于解脱一路,非也。此段意实本于明道"止一无我"耳。无我则公矣。初非遗弃形骸者比,与圣贤守身重身之义,原并行不悖也。

天地本广大,人要向大处求。①

学在实事上动忍磨炼、持志养气,刻刻加功。

四箴,视自内出,故曰其中则迁;听由外入,故曰知诱物化。

柔恶为懦弱,为无断,然既知懦弱,定要不懦不弱,既知无断,定要有断,著力战胜,安见气质之不可变化耶。

治心处事,都少不得个严字。

事物感触不至大为心累,昨日惩创之力也。

涵养二字最妙,得此意,胸怀舒畅,难以言语形容。

---

① 人要向大处求:人要,摘抄本作"要人"。

颜子心与道一，观三月不违仁可见，故曰颜子乐道，则不成颜子矣。

当中之时，虽耳无闻、目无见，然见闻之理在，始得无见闻之事、有见闻之理，所谓知觉不昧，静中之动，复所以见天地之心也。

吴竹如曰：知觉不昧，乃静中含动之理，非已动也。复是一阳初动，乃"既思即是已发"矣。朱子有云："当至静之时，但有能知觉者，而未有所知觉也。以为静中有物则可，而便以才思即是已发为比，则未可；以为坤卦纯阴，而不为无阳则可，而便以复之一阳已动为比，则未可也。此定论也。"朱子之言，时有彼此两歧，前后互异者，或有为之言，或未定之论，亦容有记录之误。似宜虚心参验，反复订正，庶几折衷一是。

得敬之意，不言敬可也，心中著个敬字，便不虚。

朱子曰："未发之前不可寻觅，已发之际不容安排，但平日庄敬持养之功至，而无人欲之私以间之，则其未发也，镜明水止，而其发也，无不中节矣。"即伊川"喜怒哀乐未发更怎生求,只平日涵养便是;涵养久,则发自中节”之意。

吴竹如曰:读此益知看未发气象之未安。故伊川又曰:
“善观者却于已发之际观之。”

养知莫过于寡欲,欲寡则志虑精专,而穷理有力。

朱子曰:“仁只是流出来底,义是合当作底。如水流动
处是仁,流为江河、汇为池沼是义。”窃疑即继善成性之理,
继便是流动处,成则为池沼江河也。又曰:“信如五行之土,
非土不足以载四者。”因思纯公“信在孟子是气”一语,盖非
气不足以行四者,恻隐、羞恶之心,心便属气也。

吴竹如曰:遗书中语间有不可晓者,朱子存之,亦史阙
文之义,其有记者失其本旨,及语意小偏,经朱子疏明订正,
实为功二程不小。如“信在孟子是气”一语,亦殊难解,虽如
此发明,究属可疑。盖信乃五性之一,性即理也,似不得谓
之气也。

程子曰:“觉不可以训仁。”朱子曰:“将知觉说来冷了。”
盖知觉是智,属水,与仁温和之气自是不同。程朱析理精确
无比。

吴竹如曰：知觉之理是智，不得遂以知觉为智。

圣人罕言仁，然语语是仁也。

好善不笃，恶恶不严，是心体亏欠处。

吉凶祸福不可侥幸苟免①，勇于从天之命，而顺受焉可也。读《西铭》注，断一回惑之私。

公而以人体之，故为仁，《西铭》前半言公之道，后半则以人体之之事也。

人心之患，多生于分殊，自私自利，漠视万物。《西铭》教人求仁，程子所云"分立而推理一"，以止私胜之流，仁之方也。

张子作《西铭》，能养浩然之气，人诚以天地之心为心，具一副仁为己任、毙而后已力量，这气是何等样刚大。此孟

---

① 吉凶祸福不可侥幸苟免：原作"祸不可幸免"，据摘抄本补。

子居广居、立正位、行大道,富贵不淫、贫贱不移、威武不屈气象也。

人情一经挫折,则趋避生而机巧出,畏祸念重,则徇义之念遂轻,强立不反几人哉,故培人才贵养士气也。

行不踏实,由知不真切。知不真切,由志不精专。

要见一视同仁气象不难,须理会分殊处,虽毫发不可失,方是儒者气象。盖义精而后仁之体始无弊耳。

夜气只是清明之气,旦昼存养,不令物欲挠乱,即时时是夜气。夜气,天地自然者也,浩然之气,人力养成者也。自然之气虚灵,养成之气充实。

从人生而静、纯粹至善处看,性何尝有动、何尝有伪、何尝有恶。延平曰:"求静于未始有动之先,而性之静可见矣;求真于未始有伪之先,而性之真可见矣;求善于未始有恶之先,而性之善可见矣。"

吴竹如曰:性固无伪与恶,却不能无动静。(中仁属动,正义属静）伪与恶虽由动而生，乃动而不中节之过，如能中节，则谓之和，而为天下之达道矣，又乌可以静而废动也。朱子曰："谓'静所以形容天性之妙不可以动静言'则未然，盖性无不该，动静之理具焉。若专以静字形容，则反偏却性字矣。记以静为天性，只谓未感物之前，私欲未有，浑是天性耳，不必以静字为性之妙也。"明道先生云："人生而静以上不容说，盖人生而静，只是情之未发，于此可见天性之全，非真以静状性也。"此一段语意较无渗漏。

允执厥中，在物之中，即在心之中，显微无间也。

仁者天地之心，而人各得之以为心，理与天地一也；人身内外，无非天地阴阳之气，气与天地一也。程子曰："天人本无二，不必言合。"

天理，形而上者也；人事，形而下者也。天理即在人事中，器亦道、道亦器，精粗一贯，有分别而不相离也。

人心不必是恶，但易流而为恶，故危；道心本自昭著，杂于人心之中，故微。辨之精、守之固，庶人心不流，而道心日著。

理公欲私,公则天地万物为一体,推之而无不通,私则一膜之外皆秦越矣。故曰:"活是天理,死是人欲。"

只有自家不是,何敢怨天尤人。

南轩论萧望之、刘更生处危疑之时,当艰深其虑,贞固其守,诚意恳恻,人才广收,谨其为勿使有差,密其机勿使或露,积之日久,上心开明,人才众多,庶几有可为者,此在《易》屯膏小贞之义也。愚谓能如是固善矣,不然,如二疏之引疾,岂不为知几之士哉。

心为物扰,须追寻病根所在,何以如此,不可轻易放过,任他猖狂。

入耳出口,何尝有真见解,以后低心缄口,莫驰骛狂谈。

万物之生,天命流行,自始至终,无非此理,但初生之际,淳粹未散,尤易见耳。鸡雏观仁,其以是与?

冲漠无朕，万象森然已具，未应不是先，已应不是后。窃意圣人之心大公顺应，亦如此。

伊川谓人无父母，生日当倍悲痛，安忍置酒为乐。嗟予小子，今年四十有九矣，"哀哀父母，生我劬劳"，予齿日益增，二人见弃之年日益远，衔恤罔极，可胜悲哉。

仁义礼智，天于是日赋我身体发肤，亲于是日生我，此数十年中，所以全天之赋畀而答父母之生成者，何在耶？真不堪自问矣。

谁非人子口口生口，竹如识。

观中孚，得存心制事之要。中虚，信之本，虚则无物，而诚由是存。中实，信之质，实则无妄，而诚以是行。朱子曰："一念之间，中无私主，便谓之虚，事皆不妄，便谓之实。"

中虚则无物，中实则有理。敬轩谓："无物而有理，即无极而太极。"因思中孚，诚也，太极之理，一诚而已矣。

夬九三"壮于頄,有凶",敬轩谓决小人之道,怒见于色必有凶,似从容和柔以决之,则无咎。予其憭于斯义哉。

张子曰:"一故神,为物不贰,生物不测也。"其在人心,则为寂然不动,感而遂通乎。

学只争个知与不知,不知虽向好事,冥行而已。

舜禹有天下而不与,孔子疏食饮水,乐在其中,君子所性,虽大行不加焉,虽穷居不损焉,分定故也。

事物未接,思虑未萌,湛然纯一,水止衡平,此时正好存养,只为志不切、气不定,将此等要紧时候汩汩过了,到应事接物全不得力。主静以制夫动,无欲以全乎静,当实用力也。

阳明胜则德性用,物欲自累不得。

《中庸》始言一理,太极也,中散为万事,各具一太极也,末复合为一理,统体一太极也。

识得率性之谓，戒慎恐惧亦是活泼泼地。

物物有理，即物物有性，故曰天下无性外之物，而性无不在。

道不可须臾离。稼书谓此句提醒人最紧切，一动一静都离他不得，盖静而须臾离，则其体不立，动而须臾离，则其用不行。体用俱亏，何以为人。

喜怒哀乐之未发谓之中，开关启钥，发前圣所未发，知中则知性矣。

君子时中，从穷理致知得力；始条理者，智之事也。

天地只此阴阳之气，健顺之理，吾与万物同得此理、气以生，故曰：天地万物本吾一体。真是呼吸相感，痛痒相关，存得此心，不患不仁也。

道其不行矣夫，圣人有无限感叹，世教既衰，智愚、贤不肖复气禀杂糅,不能偕诸大道,中庸一途,遂为千古绝诣,由不明故不行,此君师之责与。

颜子择乎中庸,志于道也;服膺勿失,据于德也;三月不违,则依于仁矣。精则辨乎危微之间而不杂,一则守其道心之正而不离。颜子之学,即虞廷之旨。

复宗甥书:萱荫春长,荆花乐洽,一庭和顺,自有余欢,何事愿乎其外? 人往往舍当前之乐境而不知求,而戚戚以蕲不可必得之事,皆惑也。

《易》首乾坤,诚字发于乾之九三,敬字发于坤之六二,诚敬之道即夫妇之道,故君子主敬存诚,从夫妇居室作起,于此而不诚不敬,则其余皆伪也。

虽作好事,有多少不妥帖处,无怪招尤致悔,然不得遂生疑沮,谓好事之不可为也,加谨焉可矣。

无忠作恕不出,然非恕无以见忠,故曰二者要除一个不得。

忠恕二字，在圣人分上说便是仁，在学者分上说是求仁之事。

君子素位而行，不愿乎其外，行字有随地尽道工夫，不愿有斩钉截铁力量。

上不怨天，下不尤人，心地何等光莹洒落，里面多一分黾皇，外面自少一分扰攘。

游氏曰："居易未必不得，穷达皆好；行险未必即得，穷达皆丑。"名言可诵。

太极无一物，即天命之性也，冲漠无朕，万象森然已具，其理之至微至妙者与。

埋气不相离，濂溪曰："无极之真，二五之精，妙合而凝。"程子曰："性即气，气即性，生之谓也。"朱子曰："天命之与气质亦相滚同，才有天命便有气质。"三子之言，若合符节。

体物不遗,无处无鬼神,即无处非道,贯显微,兼大小,皆诚之所为也,即形而气在,即气而理在,理气不相离,于此可见。

一念自觉其非,则心惕然而在。

顾目前不思久远,究之目前又何能顾得,恐利未得而害已随之矣。

好学、力行、知耻,圣人指示入德之功,极为切至,三者工夫日深,则知、仁、勇便日亲,由近及一,又何气质之足患,而生知安行之不可几哉,只要自强不息耳。

纯乎知而无昏昧之杂,纯乎仁而无私意之杂,纯乎勇而无柔懦之杂,杂则不诚,达德亏而达道不行,身以不修矣。是故君子诚之为贵。

用智计鲜不背道义,其失总由不学。

修身为九经之本，然必亲师取友，而后修身之道进，然则讲明义理，以辅身之不逮，其可缓哉。

反身不诚，谓反求诸身而所存所发未能真实而无妄也，不明乎善，谓未能察于人心天命之本然，而真知至善之所在也。深切著明。

哀公问政后数节，示人求诚工夫，无余蕴矣，经圣人如此提撕，犹自因循作辍，真可谓果于自弃，不仁之甚者也。读吕氏注令我欲泣。

圣人之言，字字是实，只要信得及、肯去做，无不得之理。

明则诚，谓真知吾性有善无恶，必求自慊，必戒自欺，所谓诚明两进也。

心境明一分，看道理便亲切一分，此明至于诚之渐。

维天之命，于穆不已，诚也，此个道理，从天命之性便带将来，是至亲切底一件物事，戒惧慎独，约之精之，必使天命之在我者，钜细精粗，无毫发之不尽，方完得诚字分量。

此学问之实功也。[①]

费隐大小，总是一诚，近看得此理有亲切活泼意。

诚存则无邪可闲，到得有邪时，去天命之理已远，纵遏抑得下，终非拔本塞源。

从古圣贤豪杰，皆是看得作人道理透、下手早，所以其人千古万古不可磨灭，其知所自励哉。（高氏家训）

诚是一条正路，错出一步即邪也。

致曲在《大学》为明明德，因其所发而遂明之，以复其初也。在《孟子》为扩充，火然泉达，推广而充其本然之量也。总不外择善固执。

---

① 此条日记的批语据摘抄本补。

性寓于心,理寓于气,太极寓于阴阳,不离也。然谓心即性、谓气即理、谓阴阳即太极,不可不杂也,一而二,二而一者也。

不诚无物,如读书字字句句从身心体验,务令了彻,便是诚,便有这物;有一字一句放过,这一字一句即如未读,便是不诚无物。无事不是如此。

天地生物,真无不足之理,只是人自家亏欠,不能尽到至处。

中虚无物甚乐。

有容方见涵养。

气质驳,由读书粗,读书心稍细,性情便觉醇些。

事求了然,须耐烦著实。

稼书云:学者求诚,须要先具个勇,勇到极处,则诚亦到极处,由人道以进于天道,只要人肯用力。

淡泊凝静最要。

保身非占便宜之谓,只是天理烂熟,所行必无危殆之道,若道理未尽,身虽存不可谓保。(稼书语)

尊德性而不道问学,则或流于空虚寂灭,而尊非所尊;道问学而不尊德性,则或务于记诵词章,而道非所道。吴草庐谓朱子道问学,象山尊德性,不知朱陆者也。

君子之道,全从小心敬畏中做出。

不可以小事亵大体。

恐惧修省,时刻不可疏懈。

安溪谓肫肫渊渊浩浩皆未发气象,指心体言为是,与稼书不合,然其说似长。

　　复见天地之心,朱子谓:"一阳初动,万物莫不资始。"此天命流行之初,造化发育之始,天地生生不已之心于是可见,在人则为静极而动,恶极而善,本心几息而复见之端也。于此知天人一理,而充长善端以全天地生物之心,乌容已乎。(冬至日)

　　安静以养微阳,养德养身之要。

　　笃恭是诚到至处,戒惧慎独,愈约愈精,有敛于无形、纯乎无间者,上天之载,无声无臭,真有形容不尽之妙。

　　只患不下学,不患不上达,然亦须识得道理头脑,工夫方有著落。《近思录》首列道体,即此意。

　　察恶未尽,虽善必粗,省出多少过失,总由察识不精。

　　感而后能通,彼此相感,两也;通者,流行不已之神,一也。疑亦一故神、两故化之理。

　　人性皆善,可以为尧舜者,惟其不蔽于私而已,人能打叠得私欲净,使此心正大光明,便与圣贤无二,只患不用力耳。

心是气之统会处,即是理之统会处;气是心之散殊处,即是理之散殊处。气非理无主,理非气不行,二者不相离,亦不相杂。

发皆中节,或以赤子啼笑形容之,疑未确。中节从本性上来,赤子虽天性未漓,然一笑一啼已搀杂气质在内,不尽得情之正矣。

人谓隐微之地无人知觉,遂侈然自肆,岂知以人视之有隐见微显之分,以天临之,总在上帝鉴观之内,乌得不慎。

朱子曰:"世间无一事不系在喜怒哀乐上。"信然。和则治,乖则乱,自然之天理也。

属弟整顿家政,须委曲调停,勿致招咈启争,有伤天性。

读《识仁说》者,往往喜言"浑然同体"及"不须防检穷索"等语,而于"义礼智信皆仁心,苟不懈,存久自明"则略之。此盖有私意为主,而取以佐其苟且欲速之情也。程子言"仁者与物同体",又言"义礼智信皆仁",义理极为完备。盖仁字兼义礼智信看,方无弊。条理灿然之中具有浑然者存,全体浑然之中自有灿然者在,所谓体用一源也,不须防检,不须穷索。纯公天分高,故说得轻松,似不著些子气力,其实存久不懈是何等工夫力量,后人何得轻议。

吴竹如曰:朱子曰:"明道'学者须先识仁'一段说得极好,只是说得太广,学者难入,故程子云孟子才高,学之无依据,学者须学颜子。"窃谓明道高明,学之无依据,学者须学朱子。

中庸不可能,非囿于气禀,即溺于习俗,非蔽于私意,即累于私欲,真非义精仁熟无一毫人欲之私者,不能知此,则义必精、仁必熟,必不令一毫人欲为累,非强何以与此。

依乎中庸,遁世不见知而不悔,唯圣者能之,学者虽不能遽及,然须识得此意作工夫。"依"字有相亲之意,随时随地将一个身心依靠这道理做去,气禀、物欲、习染不使有纤毫搀杂,实见此中庸之理是我终身底事,得是我得,失是我失，与人毫不相干，如此用工夫，日积月累，不能者或不至终于不能乎。

人只为看得身家富贵重，便首鼠两端，不敢向前作事，苟利于国，何恤其他，忠直士不易得也。

鸢飞鱼跃，总见无处非道，须臾离他不得。稼书云："日用饮食，莫非飞跃之机；高下散殊，悉是鸢鱼之类。"识得此，始知率性之道，无物不有，无时不然，不假强为，自然完备。纯公所云："与必有事焉，勿忘勿助，同活泼泼地。"真彻悟语也。

道无处不在，心宜无处不存，时时戒惧，处处研穷，庶不至背道而驰。

道不远人章，稼书云："今日学者病痛不在远人，患在于当知当行之道不肯著实用力，全被所禀物欲作主，是将不得为人，岂但远人而已。"此语发人深省。

庸德之行，庸言之谨，愈行愈觉不足，不足不敢不勉，愈谨愈见有余,有余则不敢尽。行之至,则行顾言,兢兢焉惟恐其不逮;谨之至,则言顾行,惕惕焉惟恐其不符。君子将全副精力用在言行上,暗然修省,尚有一毫驰骛之心,虚浮之气否?如此方是笃实。

人谓所行不过一二端,即足转移人心,挽回风气,只是此一二端行之便不易,总是由不明故不行也。

辞人馈遗,以为是矣,思之犹有见小意,利根实难尽也。朱子曰:"静者,诚之复而性之真也。"

吴竹如云:朱子集中"真"字作"贞",其义较精。

又曰:"万物到秋冬收敛成实,方见得他本质,故曰'利贞者,性情也。'"观此知周子主静之义。

鬼神体物不遗,使天下之人齐明盛服以承祭祀,此即当祭之鬼神,以见其随祭而在,神之格思,不可度思,矧可射思。又即屋漏之鬼神,以明鬼神之无不在,总是诚不可掩而已。

《太极图说》以"中正"易"礼智"字，晦翁谓"礼智"尚说得宽，"中正"则切而实矣。初疑不必如此分析，继思中者，中节之谓，无过不及，是节文恰好处；贞，正也，正乃智之真也。论道理只一般，以周子本文观之，定之以"中正"自较"礼智"切实耳。

人能守定一部《小学》，踏实做去，庶几无愧怍矣。

方寸中要有大公气象。

明明德注云："因其所发而遂明之，以复其初。"此一语，省察克治都在里许，因恻隐之发，明之以复其生初之仁；因羞恶之发，明之以复其生初之义。一"遂"字，用力迅速，有雷厉风行之意，需者事之贼也，工夫最要勇猛。

朱子曰："灵底是心，实底是性。"陈北溪曰："气与理合，所以虚灵。"皆颠扑不破。

"尽天理之极，无一毫人欲之私。"细思此语，无一事做得到，无必至于是之心，依稀做些子便歇，故少进步也。

欲明明德于天下，此是何等规模，何等志愿，帝王事业都从这里做起，学之所以为大也。朱子曰："规模当如此，工夫却要寸进。"

格物不得力，第一关便隔碍了，下面节节都是病痛。朱子补传，洵有功万世。

稼书云："工夫不接续，则天理暂明而复晦，暂合而复离，到底被气禀物欲作主，仍是旧染之污。"警我良深。又云："不怕风俗之日下，不怕气运之难转，只怕我自家一点旧染之污，盘踞于中，不肯斩断，基址先坏了。"

人谓自周以后，生民未经一新，虽汉唐盛时亦几刑措，然非至善之新。窃意自新者，新民之本，汉唐之君如汤之日新又新者谁乎？

有施于人便形，德色最浅。

事君不欺之道，当于始进严之，始进苟，则他日可知矣。

心是个虚灵物事,虚具众理,灵应万事,惟众理浑具,中无亏欠,故外边所应,感而遂通,体用不相离也。

朱子曰:"恻隐之心,人之生道也。"又曰:"惟有恻隐之心方会动,动了方有羞恶、恭敬、是非,动处即是恻隐,若不从动处发出,所谓羞恶者非羞恶,恭敬者非恭敬,是非者非是非。"此意最好体玩。

意之所以不诚者,皆由发端处未绝自欺之根,自欺甚细、发端甚微,须深察而力克之。

一念起处,即视指集处,何得自匿。

人心湛然虚明,无偏无倚,本是正底,及其感物而动,忿懥、好乐、恐惧、忧患为主于内,或先事期待,或事后留滞,或临事意有偏重,纷纭鞧轕,虚灵之体遂失。朱子于正心章注中补一敬字、察字,诚能敬以直内,而应物之际精以察之,庶乎其少偏矣。

身与物接，亲爱、畏敬等不知不觉便偏了，其病固由不察，亦是存养上不得力。

将书中道理反身印证，修己治人，处处亏欠，矢及时填补，勿负此生。

要彻内彻外洁洁净净做人。

每思朱子虚著此心、提撕警觉之意，便有用力处。

衣服、饮食、起居，有一毫贪恋心，即当克去。

絜矩在公好恶。朱子谓物格知至，故有以通天下之志，而知千万人之心即一人之心；意诚心正，故有以胜一己之私，而能以一人之心为千万人之心。此探本之论。

公好恶莫大于理财用人，自古治乱何尝不由于此。平天下章末二节重言义利，深切著明，惟格致能精义利之辨，惟诚正能杜利欲之萌，舍此而言治平，未见其有济也。

絜矩之大道，得于忠信，失于骄泰。得则财能有、人能用，得天命而得众、得国，失则反是。此不易之理、千秋之龟鉴也。

此事著不得一毫粗心浮气。

圣门言仁不同，欲人不失其本心而已。

朱子注学而节曰："必效先觉所为，乃可以明善而复初"，可知学于古训是一定法程。若师心自用，蔑视诗书，流祸甚钜。《松阳讲义》一书，崇正黜邪，大有功于学者。

忠信习要于圣贤道理上辨得极真，不忠不信不习要在自己心髓中察得极细。

日诵圣言，与受之于师何异，试问熟于己者何如，真孤负也。

有意悦人，此意才动，本心已亡了，不必到害人利己时始为不仁也。

清慎勤三箴,尽分匪易,壁立千仞,不染一尘,始可为清;临深履薄,无众寡、无小大,无敢慢,始可为慎;自强不息,无怠无荒,始可为勤。(谕咸儿)

主敬存诚,择友改过,自修之道莫切于此。

"轻于外者,必不能坚乎内"。"人不忠信,则事皆无实"。"为恶则易,为善则难"。"自治不勇,则恶日长"。此数语字字药石。

小小适意,自谓无害,不知自谓无害之心,即大害也。

南轩云:列国见圣人之仪型,而乐告以政者,秉彝好德之良,而私欲害之,终不能用。因是以思圣人之德孰不景仰,而卒鲜学圣者,大抵皆私欲害之耳。

大事小事都有气禀、物欲、习染,勉强力行,须扫除此数者。

稼书于信近于义章,补出穷理一层,无求安饱章,补出立志一层,最是①。盖择理既精,然后言行交际,始能慎始而虑终,立志既坚,然后意念精神不至旁驰而泛骛。

安饱念到底摆脱不开,当奋发处不奋发,当谨慎处不谨慎,当虚心处不虚心,其病痛总由志不立。诚然诚然。②

新德随年进,昨非与岁除。舍旧图新,请从今日。(除日)

此册在叶尔羌所记,今又十六年矣,日月逾迈,故我依然,不胜愧恨。丙寅嘉平初五日灯下。

---

① 最是:二字据摘抄本补。
② 诚然诚然:原作"诚然",据摘抄本补。

倭文端公遗书卷七　日记之余

性情急切，涵养功疏。陆平湖先生云："到老始知气质驳，寻思只是读书粗。"良然。

当言不言，猜嫌之意，积小致大，家庭间最为至患。

朱子曰："人身具此生理，自然便有恻怛慈爱之意，深体味之可见。"思此生意油然。

凡百病痛，总由不仁。若生理充满于胸中，病不除而自去矣。

以父母之心为心，无不爱兄弟者，自问如何？昔人诗："一回相见一回老，能得几时作弟兄。"又云："眼前生子又兄弟,留与儿孙作样看。"仁者之言,令人感泣。

器局小、见识低,不学便如此。

晨起思"精一"二字极警切,须臾忽之不可也。

涂郎轩曰:于道心、人心之初判,明以审其几,健以致其决,此精一之谓也。

昨见一语云:"己无所得可无言,既无高见缄口可也。"

循天理,则不求利而自无不利;徇人欲,则利未得而害已随之。此理确不可易,特须信得及、守得定耳。

孟子言"仁,人心也",何等亲切,一息不仁,则心失其为心,即人非所以为人矣。

先立乎大,则小不能夺,要将这天君扶起。

涂郎轩曰:道心为主,人心听命。

友朋寥落,旁无强辅,遂荒颓至此,安得同志之友时相切磋乎。

将名利心打叠净尽,方能笃实光辉。

涂郎轩曰:所谓诚则形、形则著、著则明也。

疑心而信耳目,疑耳目而信简书,简书愈繁,官言愈伪,不务其本而求诸末,弊正如此。

恻隐、羞恶、辞让、是非四者,著实在身心上察识扩充,有一毫不尽,这一毫即非人,须时时体验。

不必言、不可言,一启口即不是,存省克治之功,不可须臾间断也。

不可以小故褒大体。

升高自下学始能达,忽下学而趋上达,究之上不成为上、达亦无所达,只落得自误而已。

王雁汀同年规予云:"不学便老而衰,未闻学而反衰者,老在年齿,衰在志气,岁月齿发,人无如天何,至心性中,蒲柳松柏,惟所自命,天亦无如人何。"药石之言,足以振起颓惰。

中无所得,遂为外物所摇。

读《名臣传》,见古人刚大之概,不禁兴起,撑天拄地,定要在世上做个人。

宽和则人己两益,操切则人己两病。于训儿时验之。

刘颂陈时弊疏曰:动皆受成于上,故上之所失,不得复以罪下。人君身亲细务,臣下皆得巧避责成,以诿过于上。数言切中后世之弊。

大著心胸,放开眼孔,义所当为,毅然为之。

轻信最误事,因人省己,尤悔多矣。

公则一,私则万殊,无事不坏在一个私字。

口之于味、目之于色、耳之于声、鼻之于臭、四肢之于安佚,细细验来,隐微中时有牵掣不肯割断处,虽浅深不同,然害心一也。

中无定见,处事每多变更。

有学之名,无学之实,子细检点,处处病痛,真可愧可恨也。

西川廖养泉介吴雨生来学,毫无所得,自欺欺人,然借以自励,鞭策身心,实为幸耳。

养泉立日录自课,志殊诚切,以鞭辟近里著己,勿苟且徇外为人相勉。

王子洁来京,盘桓数日,做官夺人志,信然。

以因利乘便为与时偕行,信心太过,其弊如此。

情面软,由心地不洁。

恶根在心，隐隐发见，若不努力，终为小人之归，可怕可怕。

肆言无忌，心放乃至于斯，矢极力克治。

家庭间有多少回护，性真何在，无怪嫌疑之日积也，噫。（以上各条，文端公自题《悔过自新录》。）

天人呼吸相通，可不敬乎。

见人天性厚，不禁生愧，我亦人也，何凉薄如此，恨恨。

性失之宽，初谓矫之以严，然不得其中，宽严皆病也。朱子云："圣人之温而厉，乃天理之极致，不勉不思，自然恰好，毫发无差处。要须见此消息，则用力矫揉，随其所得，当自有准，则不至偏倚矣。不然，恐如扶醉人也。"读此惕然有省。

随人戏言戒之。

义理生、闲事熟，总是如此。

善善从长，不可存刻薄见。

不存心，往往放过去了。

诚无为，几善恶，存诚以养未发之中，谨几以验已发之和，此日用切要工夫。

兰士之女未嫁殉夫，属为作传。以弱女子而能从容就义，丈夫弗如也。女有死便是喜一语，见理何等精到。自古志士仁人，舍生取义，只是见得死是喜耳。

子路闻过则喜，惟恐有闻，这一喜一恐，进修何等勇决；缊袍不耻，车马轻裘敝之无憾，胸怀何等洒落。以此自问，贤愚之相去何如哉。

《中庸》第一个诚字于鬼神章露出，盖从造化源头上说到人心。《通书》诚上章亦是从天说到人。《中庸》以气言，

《通书》以理言。然言气理在，言理气在，不相离也。程子忠信所以进德一段，将二书之旨融会贯彻，见得天人理气通是一诚，彻上彻下，不过如此，识得此理而终日乾乾，对越上帝，真不容一息间断矣。

高忠宪云："性上不容一物，无欲便是性。"窃意，无欲是心不是性，性上固不容一物，然谓无欲即性是不可。又云："至诚无息，人人心体如是，惟圣人能至之。专归之圣人者，不知性者也。"窃意，诚固人之心体，至诚无息，惟圣人能之，不得谓人人如是也。又云："一切放下，令心与念离，便可见性。"窃意，性不是卓然一物可见者，朱子言"穷理格物，性在其中"，最为谛当。罗整庵所谓"灼见夫直上直下之正理，真如一物之在吾目"，可谓之知性，亦泥于观未发之中而失者。

涂郎轩曰：周子无欲故静，以心言也。若谓无欲即性，则性空而不实矣。诚是性，至诚无息是诣。存此待质。

颜子之所谓卓尔，盖即事物而见其理也。若性则未发之中，如何见得至？朱子所谓"穷理格物，性在其中"，盖即用而体存也。

再案：忠宪所云"一切放下，令心与念离，便可见性"，似即是明心见性之旨，谓方寸之间无论善恶，一切扫除得空荡荡地，便露出端倪，此所见者仍是心不是性；若性则不可言见矣。认心为性，此禅宗本旨。记此待质。

忠宪复七规，圣门无此教法，恐引人入旁蹊去。

薛文清云："心虚有内外合一之气象，盖心虚则不为形体所隔，内外浑是天也。"

虚灵之意最宜体验，虚则众理咸具，浑然在中，灵则众理纷呈，随感而应。《通书》云："寂然不动者诚也，感而遂通者神也，动而未形、有无之间者几也。"又曰："诚无为，几善恶，存诚谨几，亦常保此虚灵之本体而已。"

虚灵二字不可误会。异学之空寂非虚也，物欲之驰逐非灵也。

文清云："理只在气中，不可分先后，如太极动而生阳，动前便是静，静便是气，岂可说理先气后。"竹如云："理气不相离，固不可划分为二，以为先后，然以理为气主言之，则理为将帅，气为卒徒，而太极生两仪，浩然之气，是集义所生，非所谓理先气后乎?"窃意,就浑沦处看,固无次序可言,就分析处说,自有后先可指。二说可参观也。

涂郎轩曰:案理气不相离,有理便有气,然说有理便有气,已是理先而气后也。待质。

集义亦有气在,特集义后气始浩然耳。

忠宪谓:"静坐以见性为主,一片灵明,即此是性,即此是天。"又云:"默观吾性,本来清净,不可自生缠扰;本来广大,不可自为局促;本来明光,不可自为迷昧;本来易简,不可自增造作。"观此等处,未免认心为性。昔人谓忠宪未能出姚江藩篱,不为无见。

整庵谓:"道心是性,人心是情。"心窃疑之,道心如恻隐、羞恶之属,原于性命之正,而非即是性也;人心如耳目口鼻之欲,发于形气之私,而不得谓之情也。

涂郎轩曰:案道心、人心俱是情,不是性,道心是情之原于性命之正者,人心是情之发于形气之私者。原于性命之正者,有善无恶;发于形气之私者,可以为善,亦可以为恶。待质。

艮峰先生不得谓之情句，疑意是而语未圆。离性言心，仍是认不得心。先儒所谓"论理不论气不备，论气不论理不明"，二之则不是也。

先儒谓释氏有见于心、无见于性，所谓有见于心者，亦只见得心底影子，非谓其真有见于心也。必如孟子所云"凡有四端，知皆扩而充之"，方是有见于心。释氏何足以语此。

心统性情。仁义礼智，性也；恻隐、羞恶、辞让、是非，情也。此心之全量也。释氏诚有见心，必能有见于性。竹如谓："释氏正为不识心体耳，使果见得心体真，岂不知所谓性者即心体之实，而何以仍不知性耶。既不知性，则所谓心体，已失其本实矣。"又云："降衷之理为性，而实具于心，未有离心而可言性者；灵明之宰为心，而即主乎性，未有昧性而能见心者。"可谓昭若发蒙矣。

素行不孚于人，遂致为人所疑。

朱子云："知得此事不好，牢扎脚跟，硬地行、从好路去。"深思此语，力补一过，颇觉快心。

隐微中尚有私意，真是小人。

义利关打不破，空谈性命何为。

安于旧习则德不进。读文清此语，不禁悚然。

主敬集义，以养清明刚大之气，所谓敬义夹持、直上达天德也。

刚则不屈于物欲。近日病痛总坐不刚。程子曰："不能祛思虑只是吝，吝故无浩然之气。"至哉言乎！吝字病根只缘刚气少。

方鲁生认定心无生灭一语，虽竹如力辨其非，犹自不能释然，此朱子所云于自己身上认得一个精神魂魄、有知有觉之物，把持作弄，到死不肯放舍，谓之死而不亡，此乃自私之尤者也。

朱子云："学问之道无他，无论事之大小、理之浅深，既到面前,便与理会到底。"读此爽然自思,凡事不能尽分,皆由心气粗浮,不肯耐烦著实,都鹘突过了,当力矫其弊而勉图之。

看书字字留心,心一走作,便模糊数句过去,不诚无物是如此。

读《敬斋箴》,窃意,"潜心以居,对越上帝"是紧要语,果能时时对越,则动静起居、应事接物,自然专一收敛,不敢放纵,若无乾乾对越之诚,著意矜持,如何能久。须臾有间,私欲万端,不火而热,不冰而寒,的是如此。

涂郎轩曰:先儒谓整齐严肃则心便一,一则自无非僻之干,是制外养中之法。先生谓果能时时对越等语,是心正自无不正之说,制外养中,是就初学者说,以正则无不正,是就成德者说。

程子云:"公而以人体之,故为仁。"此语可尽《西铭》之旨。《西铭》前半言公之理,后半言以人体之之功,皆所以为仁也。

谢显道录古人善行作一册。程子见之曰："是玩物丧志。"盖言心中不宜容丝发事。窃疑此条记者之误，《易》不云"多识前言往行，以畜其德"乎？若言心中不宜容丝发事，此语亦须善会，倘误认其意，不且为释氏之不思善耶。

涂郎轩曰：心中不可容丝发事，似是不可矜记诵以为博之意，非谓不论善恶，一切扫除得空荡荡地，如释氏之所云也。

韩少文书来，谓予不怕穷，殆寓规于颂乎，噫！实愧斯言矣。

心安理得，须是穷理以后之心，心体已明之理得与安，方靠得住，不然，据非理之理，而心以为安者，有矣。

颜子之择乎中庸，志于道也；服膺弗失，据于德也；三月不违，则依于仁矣。伊川先生《颜子所好何学论》谓：诚之之道，在乎信道笃，信道笃则行之果，行之果则守之固，仁义忠信不离乎心，造次必于是，颠沛必于是，出处语默必于是。此段字字阐发精切，真写得亚圣好学精神出也。

以上各条，原钞本附《悔过自新录》后。

书倭文端日记后

　　文端之学，笃守程朱，其《日记》大抵以省察为先，克治为要，不为新奇可喜之论，而语语自抒心得，故其言虽浅，其感人之意也深。诚取省察之旨而实体诸身，用克治之功而力践诸行，则高者不至流于顿悟，卑者亦不至限于拘疏而无裨实用，洵儒先之正轨，后学之津梁也。中有吴竹如侍郎评语，辨析极精，何子永前辈为备录之，而亦时出己见，以附注各条之下，大约发明文端之意旨为多。余不敏，管窥蠡测，偶有所见，复识数语以相质证，虽未必当，姑存之以资就正云尔。

　　沅陵后学吴大廷识于无锡舟中，时同治壬申四月廿七日。

跋

2019 年春节回老家期间整理。

此次整理最大的感受是，在清末衰弊腐败的官场中，尚有如倭仁这样人物组成的小圈子，在坚定地践行儒家的修身，不能不令我感到震撼，更不能不令我感到钦佩感动。倭仁死于 1871 年，第二年曾国藩去世，可以说，一个时代结束了。但 11 年之后，新儒学三圣之首的马一孚先生出生，儒家就是如此之不绝如缕。

2019 年 2 月 6 日农历初二

图书在版编目(CIP)数据

倭仁日记/(清)乌齐格里·倭仁著;杨军,包以票整理.—上海:上海三联书店,2023.7

(清晏史学/陈俊达主编. 第一辑)

ISBN 978-7-5426-8173-7

Ⅰ.①倭… Ⅱ.①乌… ②杨… ③包… Ⅲ.①倭仁 (1804-1871)-日记 Ⅳ.①K825.1

中国国家版本馆 CIP 数据核字(2023)第 135169 号

倭仁日记

著　者 / (清)乌齐格里·倭仁

整　理 / 杨　军　包以票

责任编辑 / 杜　鹃

装帧设计 / 一本好书

监　制 / 姚　军

责任校对 / 王凌霄

出版发行 / 上海三联书店

　　　(200030)中国上海市漕溪北路 331 号 A 座 6 楼

邮　箱 / sdxsanlian@sina.com

邮购电话 / 021-22895540

印　刷 / 上海惠敦印务科技有限公司

版　次 / 2023 年 7 月第 1 版

印　次 / 2023 年 7 月第 1 次印刷

开　本 / 890mm×1240mm　1/32

字　数 / 140 千字

印　张 / 11

书　号 / ISBN 978-7-5426-8173-7/K·727

定　价 / 68.00 元

敬启读者,如发现本书有印装质量问题,请与印刷厂联系 021-63779028